...NTAIRE DE LA LOI DU 20 JUIN 1896

SUR

LE CONSENTEMENT AU MARIAGE

ET SUR L'ACTE RESPECTUEUX

AVEC

TABLEAUX SYNOPTIQUES ET MODÈLES

PAR

A. BLANC DU COLLET

Procureur de la République près le Tribunal de première instance
de Château-Chinon.

PARIS

LIBRAIRIE COTILLON

F. PICHON, SUCCESSEUR, ÉDITEUR.

Libraire du Conseil d'État,

24, rue Soufflot, 24

—

1896

COMMENTAIRE DE LA LOI DU 20 JUIN 1896

SUR LE CONSENTEMENT AU MARIAGE

ET SUR L'ACTE RESPECTUEUX

COMMENTAIRE DE LA LOI DU 20 JUIN 1896

SUR

LE CONSENTEMENT AU MARIAGE

ET SUR L'ACTE RESPECTUEUX

AVEC

TABLEAUX SYNOPTIQUES ET MODELES

PAR

A. BLANC DU COLLET

Procureur de la République près le Tribunal de première instance
de Château-Chinon.

———————

PARIS

LIBRAIRIE COTILLON

F. PICHON, SUCCESSEUR, ÉDITEUR.

Libraire du Conseil d'État,

24, rue Soufflot, 24

———

1896

PRÉFACE.

La promulgation de la loi du 20 juin 1896, modificative de plusieurs dispositions légales relatives au mariage dans le but de le rendre plus facile, nous a donné l'idée de livrer à la publicité le résultat d'un travail qui, nous l'espérons, pourra servir de guide à MM. les officiers de l'état civil.

Notre but est modeste, nous avons voulu avant tout, faire une brochure pratique, facile à consulter, et où les officiers de l'état civil trouveront la solution de difficultés qu'ils seront appelés à résoudre fréquemment sans avoir besoin de recourir aux magistrats des Parquets.

A cet effet, après avoir examiné la loi dans son ensemble, nous avons signalé les difficultés d'interprétation qu'elle peut présenter en indiquant les solutions qui nous ont paru les plus conformes au texte et à l'esprit de la loi; nous avons ensuite résumé en des tableaux synoptiques les différents cas qui peuvent se présenter avec leur solution en regard; enfin, nous avons donné les formules des actes à dresser.

Nous avons cru toutefois devoir faire suivre cette étude pratique d'un aperçu historique qui permettra à ceux qui voudront bien nous lire de se rendre compte des causes déterminantes de cette loi et des sentiments qui en ont inspiré l'auteur, l'honorable M. Lemire, député du Nord. Nous livrons également au public nos appréciations personnelles en le priant de leur réserver un accueil sympathique, bien qu'elles soient parfois en contradiction avec les idées généralement en cours et avec les opinions émises par quelques-uns des membres éminents du Sénat et de la Chambre, qui ont pris part à la discussion de cette loi.

Notre but sera atteint et nos désirs seront réalisés si, par ce travail, nous avons pu rendre quelque service à MM. les officiers de l'état civil.

LOI DU 20 JUIN 1896.

ART. 1er. — L'art. 73 du Code civil est ainsi modifié :

« *Art. 73.* — L'acte authentique du consentement des père et mère ou aïeuls et aïeules, ou, à leur défaut, celui de la famille, contiendra les prénoms, noms, professions et domiciles du futur époux et de tous ceux qui auront concouru à l'acte, ainsi que leur degré de parenté.

Hors le cas prévu par l'art. 160, cet acte de consentement pourra être donné, soit devant un notaire, soit devant l'officier de l'état civil du domicile de l'ascendant, et, à l'étranger, devant les agents diplomatiques ou consulaires français. »

ART. 2. — L'art. 151 du Code civil est ainsi modifié :

« *Art. 151.* — Les enfants de famille ayant atteint la majorité fixée par l'art. 148 sont tenus, avant de contracter mariage, de demander, par acte respectueux et formel, le conseil de leur père et de leur mère ou celui de leurs aïeuls et aïeules lorsque leurs père et mère sont décédés ou dans l'impossibilité de manifester leur volonté.

Il pourra être, à défaut de consentement sur l'acte respectueux, passé outre, un mois après, à la célébration du mariage. »

ART. 3. — L'art. 152 du Code civil est ainsi remplacé :

« *Art. 152.* — S'il y a dissentiment entre des parents divorcés ou séparés de corps, le consentement de celui des deux époux au profit duquel le divorce ou la séparation aura été prononcée et qui aura obtenu la garde de l'enfant suffira. »

ART. 4. — L'art. 153 du Code civil est ainsi remplacé :

« *Art. 159.* — Sera assimilé à l'ascendant dans l'impossibilité de manifester sa volonté l'ascendant subissant la peine de la relégation ou maintenu aux colonies en conformité de l'art. 6 de la loi du 30 mai 1854 sur l'exécution de la peine des travaux forcés. Toutefois les futurs époux auront toujours le droit de solliciter et de produire à l'officier de l'état civil le consentement donné par cet ascendant. »

Art. 8. — Les dispositions suivantes sont ajoutées à l'art. 155 du Code civil :

« Il n'est pas nécessaire de produire les actes de décès des père et mère des futurs mariés, lorsque les aïeuls ou aïeules pour la branche à laquelle ils appartiennent attestent ce décès; et dans ce cas, il doit être fait mention de leur attestation dans l'acte de mariage.

Si les ascendants dont le consentement ou conseil est requis sont décédés et si l'on est dans l'impossibilité de produire l'acte de décès ou la preuve de leur absence, faute de connaître leur dernier domicile, il sera procédé à la célébration du mariage des majeurs sur leur déclaration à serment que le lieu du décès et celui du dernier domicile de leurs ascendants leur sont inconnus.

Cette déclaration doit être certifiée aussi par serment des quatre témoins de l'acte de mariage, lesquels affirment que, quoiqu'ils connaissent les futurs époux, ils ignorent le lieu du décès de leurs ascendants et de leur dernier domicile. Les officiers de l'état civil doivent faire mention dans l'acte de mariage des dites déclarations. »

Art. 9. — L'art. 4 de la loi du 10 décembre 1850 est ainsi modifié :

« *Art. 4.* — Les extraits des registres de l'état civil, les actes de notoriété, respectueux, de consentement, de publications, de délibérations du conseil de famille, les certificats de libération du service militaire, les dispenses pour cause de parenté, d'alliance ou d'âge, les actes de reconnaissance des enfants naturels, les actes de procédure, les jugements et arrêts dont la production sera nécessaire dans les cas prévus par l'art. 1er, seront visés pour timbre et enregistrés gratis, lorsqu'il y aura lieu à enregistrement.

Il ne sera perçu aucun droit de greffe ni aucun droit de sceau au profit du Trésor sur les minutes et originaux, ainsi que sur les copies ou expéditions qui en seraient passibles.

L'obligation du visa pour timbre n'est pas applicable aux publications civiles ni aux certificats constatant la célébration civile du mariage. Les actes respectueux comme les actes de consentement seront exempts de tous droits, frais et honoraires, à l'égard des officiers ministériels qui les recevront; il en sera de même pour les actes de consentement reçus à l'étranger, par les agents diplomatiques ou consulaires français.

ART. 7. — L'art. 176 du Code civil est ainsi complété :

« Les jugements et arrêts par défaut rejetant les oppositions à mariage ne sont pas susceptibles d'opposition. »

ART. 8. — Les dispositions de la présente loi sont applicables à l'Algérie, ainsi qu'aux colonies de la Guadeloupe, de la Martinique et de la Réunion.

COMMENTAIRE DE LA LOI DU 20 JUIN 1896

SUR LE CONSENTEMENT AU MARIAGE

ET SUR L'ACTE RESPECTUEUX

DU CONSENTEMENT DES PARENTS.

Avant d'aborder l'examen de la loi du 20 juin 1896, il nous paraît nécessaire bien que cela ne rentre pas dans le cadre même de cette loi, d'indiquer sommairement quelles sont les personnes qui ont qualité pour donner leur consentement au mariage.

Les art. 148, 149 et 150 du Code civil, qui n'ont pas été modifiés règlent la matière (1).

(1) Art. 148. — Le fils qui n'a pas atteint l'âge de vingt-cinq ans accomplis, la fille qui n'a pas atteint l'âge de vingt et un ans accomplis, ne peuvent contracter mariage sans le consentement de leurs père et mère; en cas de dissentiment le consentement du père suffit.

Art. 149. — Si l'un des deux est mort, ou s'il est dans l'impossibilité de manifester sa volonté, le consentement de l'autre suffit.

Aux termes des dits articles, le fils qui n'a pas atteint l'âge de vingt-cinq ans accomplis, la fille qui n'a pas atteint l'âge de vingt et un ans accomplis, ne peuvent contracter mariage sans le consentement de leurs père et mère, ou à défaut, de leurs aïeuls et aïeules.

Si tous les ascendants sont décédés ou dans l'impossibilité de manifester leur volonté, les fils ou filles mineures de vingt et un ans ne peuvent contracter mariage sans le consentement du conseil de famille (art. 160, C. civ.) (1). La délibération par laquelle le conseil de famille donne son consentement est dispensée d'homologation, elle ne peut être attaquée devant les tribunaux; l'art. 883 (2) du Code de

Art. 150. — Si le père et la mère sont morts, ou s'ils sont dans l'impossibilité de manifester leur volonté, les aïeuls ou aïeules les remplacent; s'il y a dissentiment entre l'aïeul et l'aïeule de la même ligne, il suffit du consentement de l'aïeul. S'il y a dissentiment entre les deux lignes, ce partage emportera consentement.

(1) Art. 160. — S'il n'y a ni père ni mère, ni aïeuls ni aïeules, ou s'ils se trouvent dans l'impossibilité de manifester leur volonté, les fils ou filles mineures de vingt et un ans ne peuvent contracter mariage sans le consentement du conseil de famille.

(2) Art. 883, C. proc. civ. — Toutes les fois que les délibérations du conseil de famille ne seront pas unanimes, l'avis de chacun des membres qui le compose sera mentionné dans le procès-verbal. — Les tuteur, subrogé tuteur ou curateur, même les membres de l'assemblée pourront se pourvoir contre la délibération; ils formeront leur demande contre les membres qui auront été d'avis de la délibération, sans qu'il soit nécessaire d'appeler en conciliation.

procédure n'est pas applicable (Le Poittevin, *Diction-naire des Parquets*).

L'enfant légitime majeur de vingt et un ans, qui n'a plus d'ascendants, peut contracter mariage sans le consentement de qui que ce soit.

L'enfant naturel reconnu, est soumis aux mêmes obligations que l'enfant légitime, mais à l'égard de ses père et mère seulement.

L'enfant naturel non reconnu, de même que celui qui, après l'avoir été a perdu ses père et mère, ne peut contracter mariage avant l'âge de vingt et un ans révolus, sans le consentement d'un tuteur *ad hoc* (art. 159, C. civ.) (1).

Par exception les enfants élevés dans un hospice n'ont besoin que du consentement de la commission administrative de l'hospice.

Les parents adoptifs n'ont aucune qualité pour donner leur consentement au mariage d'enfants adoptifs, c'est à la famille naturelle des futurs qu'est réservé ce droit (Mersier, n° 231, note 1).

Avant de terminer cette rapide nomenclature, il y

---

(1) ART. 159. — L'enfant naturel qui n'a point été reconnu, et celui qui, après l'avoir été, a perdu ses père et mère, ou dont les père et mère ne peuvent manifester leur volonté, ne pourra, avant l'âge de vingt et un ans révolus, se marier qu'après avoir obtenu le consentement d'un tuteur *ad hoc* qui lui sera nommé.

a lieu d'indiquer que les ascendants présents au mariage donnent leur consentement verbalement en présence de l'officier de l'état civil qui le constate dans l'acte.

Tableau synoptique.

Enfants légitimes et enfants naturels reconnus	Le père et la mère sont vivants........	Le fils âgé de moins de vingt-cinq ans révolus, la fille âgée de moins de vingt et un ans révolus, ne peuvent contracter mariage sans leur consentement à tous deux, mais en cas de dissentiment, le consentement du père suffit.
	L'un des deux est décédé ou dans l'impossibilité de manifester sa volonté....	Le consentement de l'autre suffit.
Enfants légitimes	Le père et la mère sont décédés ou dans l'impossibilité de manifester leur volonté.	Le fils âgé de moins de vingt-cinq ans révolus, la fille âgée de moins de vingt et un ans révolus, ne peuvent se marier sans le consentement de leurs aïeuls et aïeules des deux lignes paternelle et maternelle, mais en cas de dissentiment entre les deux lignes, le consentement de l'une d'elles suffit alors même que l'aïeul qui refuse son consentement est à un degré plus proche que celui qui l'accorde, qu'il est par exemple aïeul tandis que l'autre est bisaïeul; lorsqu'il y a dissentiment entre aïeul et aïeule d'une même ligne, le consentement de l'aïeul est nécessaire.
	Les ascendants sont tous décédés ou dans l'impossibilité de manifester leur volonté.	Les enfants fils ou filles majeurs de vingt et un ans peuvent contracter mariage sans demander le consentement de qui que ce soit. Les enfants fils ou filles mineurs de vingt et un ans ne peuvent contracter mariage sans le consentement du conseil de famille.

Enfants naturels reconnus.

Le père et la mère sont décédés ou dans l'impossibilité de manifester leur volonté.

Les enfants fils ou filles majeurs de vingt et un ans peuvent se marier sans avoir à demander le consentement des aïeuls ou aïeules ou de qui que ce soit.

Les enfants fils ou filles mineurs de vingt et un ans ne peuvent contracter mariage sans le consentement d'un tuteur *ad hoc*.

Enfants naturels non reconnus.

Les enfants naturels non reconnus fils ou filles mineurs de vingt et un ans, ne peuvent contracter mariage sans le consentement d'un tuteur *ad hoc*, par exception, ceux élevés dans un hospice n'ont besoin que du consentement de la commission administrative de l'hospice.

Les enfants naturels non reconnus fils ou filles, âgés de vingt et un ans accomplis, peuvent contracter mariage sans avoir à demander le consentement de qui que ce soit (1).

(1) Pour le consentement en cas de divorce, voir le Commentaire sur l'art. 8 et le tableau synoptique n° 3.

BUT DE LA LOI.

Le nombre des mariages subit en France, d'année en année, une diminution qui est de nature à faire naître les plus graves préoccupations. La loi du 20 juin 1896 a pour objet de remédier à cette fâcheuse situation, qui a été attribuée, en partie, à la complication des formalités dont le Code civil entoure le mariage. D'une part, elle simplifie les règles relatives au consentement ou au conseil à solliciter des ascendants; d'autre part, elle complète la loi du 10 décembre 1850, en vue d'assurer aux indigents de plus grandes facilités (Circ. Chancellerie 22 juillet 1896).

ARTICLE 1er.

ACTE DE CONSENTEMENT DONNÉ DEVANT L'OFFICIER DE L'ÉTAT CIVIL.

Aux termes de l'art. 1er de la loi du 20 juin 1896, qui a modifié l'art. 73 du Code civil, les père et mère, aïeuls ou aïeules ont la faculté de faire dresser acte de leur consentement au mariage de leurs enfants ou descendants soit par un notaire, soit par l'officier de l'état civil de leur domicile, et à l'étranger par les agents diplomatiques ou consulaires français, ils peuvent ainsi éviter des déplacements onéreux parfois et qui sont toujours une cause de retard.

Les officiers de l'état civil, en cette matière, sont assimilés par la loi aux notaires, les actes de consentement qu'ils recevront, devront être passés dans les mêmes conditions de forme que ceux de même nature reçus par les notaires. Il y a donc lieu pour eux d'exiger la présence de deux témoins. L'acte sera dressé en brevet ; toutefois pour permettre un contrôle qui aura son utilité, il devra être tenu dans chaque mairie un registre sur lequel les actes de consentement seront mentionnés sommairement, avec un numéro d'ordre. La signature de l'officier de l'état civil apposée sur l'acte de consentement devra être légalisée par le président du tribunal de l'arrondissement ou par le juge de paix du canton dans les conditions prévues par la loi du 2 mai 1861.

L'art. 73 du Code civil indique que l'acte de consentement contiendra les prénoms, noms, professions et domiciles du futur époux et de tous ceux qui auront concouru à l'acte, ainsi que leur degré de parenté. Cette disposition a besoin d'être complétée ; le consentement ne saurait être en effet donné utilement qu'en vue d'un mariage à contracter avec une personne déterminée et qui doit être désignée dans l'acte ; l'autorisation de se marier donnée en termes généraux par des parents à un enfant n'aurait aucune valeur; les officiers de l'état civil et les notaires auraient à refuser la réception d'actes de consentement n'indiquant pas nettement la personne avec laquelle doit être contracté le mariage. Il y a toutefois un cas dans lequel les officiers de l'état civil n'ont pas qualité pour recevoir l'acte de consentement, c'est lorsque les fils ou filles mineurs de vingt et un ans n'ont plus ni père ni mère, ni aïeuls ou aïeules, ou que ceux-ci sont dans l'impossibilité de manifester leur volonté: dans ce cas, mais dans ce cas seulement, le consentement est donné par le conseil de famille devant le juge de paix et l'acte de consentement doit être dressé par un notaire (art. 1er de la loi du 20 juin 1896, Circ. Chancellerie, 29 octobre 1852 et 23 juillet 1896).

L'acte de consentement reçu par l'officier de l'état civil est délivré sans frais; il est soumis seulement aux droits de timbre et d'enregistrement; dans le cas prévu par l'art. 6 de la présente loi qui a modifié l'art. 4 de la loi du 10 décembre 1850, il est visé pour timbre et enregistré gratis. Les officiers de l'état civil n'ont pas à poursuivre l'enregistrement des actes de consentement, toutefois nous ne saurions trop leur recommander de se charger de cette formalité contre versement préalable du montant des droits à la caisse municipale lorsqu'il y aura lieu ; ils rendront en ce faisant un service précieux à leurs administrés ; il serait également bon, pour éviter des frais aux indigents, que les maires qui ont franchise avec les juges de paix de leur canton et avec les procureurs de la République de leur arrondissement se chargent d'adresser par la poste à ces magistrats les actes de consentement qui, après visa, leur seraient retournés par la même voie.

Tableau synoptique.

Le futur est indigent.	Acte de consentement rédigé sans frais, visé pour timbre et enregistré gratis ; signature de l'officier de l'état civil légalisée par le président du tribunal de l'arrondissement ou par le juge de paix du canton.
Le futur n'est pas indigent....................	Acte de consentement rédigé sans frais, sur feuille de 0 fr. 60 soumise aux droits d'enregistrement (coût : 3 fr. 75), signature de l'officier de l'état civil légalisée par le président du tribunal de l'arrondissement ou par le juge de paix du canton (coût : 0 fr. 25).
Le futur, indigent ou non, mineur de vingt et un ans, n'a plus ni père, ni mère, ni aïeuls, ni aïeules, ou ceux-ci sont dans l'impossibilité de manifester leur volonté.	Le consentement est donné par le conseil de famille, l'officier de l'état civil n'est pas compétent pour recevoir l'acte de consentement, seuls les notaires peuvent instrumenter dans ce cas.

Modèle n° 1.

Acte de consentement à mariage par père et mère.

Par devant nous (nom et prénoms) maire, adjoint ou conseiller municipal, légalement délégué ou remplaçant le maire empêché, de la commune de........, département de........, officier de l'état civil

Ont comparu :

Monsieur (nom, prénoms, profession du père consentant et Madame (nom, prénoms, profession de la mère consentante) son épouse, de lui autorisée, demeurant ensemble à........, rue........, n°........,

Lesquels ont par ces présentes déclaré consentir au mariage que Monsieur ou Mademoiselle (nom, prénoms, profession du futur en faveur duquel le consentement est donné) leur fils ou fille, né à........, le........, demeurant à........, rue........, n°........, se propose de con'racter avec (nom, prénoms, profession de la personne avec laquelle le mariage doit être contracté), demeurant à........, rue........, n°........., née à........, le........, du mariage de (nom, prénoms, profession du père) et de (nom, prénoms, profession de la mère). En conséquence ils autorisent tous officiers de l'état civil à procéder au mariage sur la seule représentation du présent.

Dont acte reçu en la maison commune de........, (ou, si le maire a été obligé de se transporter au domicile des consentants), étant en la demeure du sieur........, où nous nous sommes transporté sur sa demande le (date de l'acte), en présence de (noms, prénoms, âges, professions et domiciles des deux témoins), qui ont attesté l'individualité et la capacité des parties comparantes. Et après lecture faite les comparants et les deux témoins ont signé avec nous le présent acte.

Signatures, cachet de la mairie.

La signature de l'officier de l'état civil doit être légalisée par le juge de paix du canton ou par le président du tribunal civil de l'arrondissement.

Modèle n° 2.

Acte de consentement par le père seul.

Suivre les indications du modèle n° 1 jusqu'à : Ont comparu.

A comparu :

Monsieur (nom, prénoms, profession du père consentant), demeurant à........, rue........, n°........

Lequel a par ces présentes déclaré consentir au mariage que Monsieur ou Mademoiselle (nom, prénoms, profession du futur en faveur duquel le consentement est donné), son fils ou sa fille........

Le surplus comme en la formule n° 1.

Modèle n° 3.

—

Acte de consentement par la mère seule.

Suivre les indications du modèle n° 1 jusqu'à : Ont comparu.

A comparu :

Madame (nom, prénoms, profession de la mère consentante), demeurant à........, rue........, n°........

Laquelle a par ces présentes déclaré consentir au mariage que Monsieur ou Mademoiselle (nom, prénoms, profession du futur en faveur duquel le consentement est donné), son fils ou sa fille.

Le surplus comme en la formule n° 1.

Modèle n° 4.

Consentement à mariage par aïeuls.

Suivre les indications du modèle n° 1 jusqu'à : Ont comparu.

A ou ont comparu :

Monsieur (nom, prénoms, profession et domicile de l'aïeul consentant), aïeul paternel ou maternel et Madame (nom, prénoms, profession et domicile de l'aïeule consentante), aïeule paternelle ou maternelle.

Lequel, laquelle ou lesquels ont par ces présentes déclaré consentir au mariage que Monsieur ou Mademoiselle (nom, prénoms, profession et domicile du futur en faveur duquel le consentement est donné), leur petit-fils ou petite-fille, né à........ le........., du mariage d'entre (noms et prénoms du père et de la mère du futur en faveur duquel le consentement est donné), tous deux décédés, se propose de contracter avec.......

Le surplus comme en la formule n° 1.

Modèle du registre à tenir par les officiers de l'état civil.

N° d'ordre	N° du répertoire des actes administratifs	Date des actes de consentement	Nom, prénoms et domicile des consentants	Nom, prénoms, profession et domicile du futur en faveur duquel le consentement est donné	Nom, prénoms, profession et domicile de son futur conjoint	OBSERVATIONS.

ARTICLE 2.

DE L'ACTE RESPECTUEUX.

L'art. 2 de la loi du 20 juin 1896 a modifié l'art. 151 du Code civil en ce sens qu'il a établi pour l'âge de vingt-cinq ans ce qui existait déjà d'après le Code pour l'âge de trente ans, en réduisant dès la grande majorité le nombre des sommations de trois à une.

Aux termes de ce nouvel article le fils qui a atteint l'âge de vingt-cinq ans accomplis, la fille qui a atteint l'âge de vingt et un ans accomplis, sont tenus, avant de contracter mariage, de demander par acte respectueux et formel le conseil de leur père et de leur mère ou celui de leurs aïeuls et aïeules, lorsque leurs père et mère sont décédés ou dans l'impossibilité de manifester leur volonté. A défaut de consentement sur l'acte respectueux, il peut être passé outre un mois après, à la célébration du mariage; inutile d'ajouter qu'en cas de consentement amiable au mariage de la part des ascendants, il n'y a pas lieu pour les enfants de recourir à la formalité de l'acte respectueux.

Notification. — L'acte respectueux doit être notifié à toute personne qui aurait été appelée à donner son consentement au mariage si l'enfant eût été mineur. Les notaires seuls sont compétents pour satisfaire à cette notification à laquelle ils doivent procéder assistés d'un de leurs collègues ou de deux témoins; elle est constatée par un procès-verbal dans lequel il est fait mention de la réponse de l'ascendant (art. 154, C. civ.). Si les père et mère ou ascendants sont absents ou dans l'impossibilité de manifester leur volonté, il n'y a pas lieu à notification de l'acte respectueux et l'officier de l'état civil doit passer outre à la célébration du mariage après justification de l'absence des ascendants ou de l'impossibilité dans laquelle ils se trouvent de manifester leur volonté.

L'absence se justifie par le jugement déclaratif d'absence ou par celui ayant ordonné l'enquête préalable pour parvenir à la déclaration d'absence; ou encore par la production d'un acte de notoriété délivré par le juge de paix du lieu où l'ascendant a eu son dernier domicile connu (art. 155, C. civ., § 1er).

La preuve de l'interdiction judiciaire ou de la déchéance de la puissance paternelle se fera par la production du jugement prononçant l'interdiction ou la déchéance de la puissance paternelle, celle de l'interdiction légale se fera à l'aide soit d'un extrait du casier judiciaire, soit d'un extrait de l'arrêt de condamnation.

Mais il peut se faire que certaines personnes sans être interdites ou séquestrées dans un asile, soient d'une intelligence trop affaiblie pour donner un consentement valable. En pareil cas, la preuve se fera au moyen d'un acte de notoriété dressé par le juge de paix (Demolombe, t. III, n° 43).

Avec le commentaire de l'art. 4, nous donnerons les cas où les ascendants sont privés du droit de donner leur consentement ou leur conseil.

Cas où l'ascendant demeure à l'étranger.

Si l'ascendant auquel doit être notifié l'acte respectueux réside à l'étranger dans un pays où la législation n'édicte pas pareille formalité, le futur époux s'adresse au consul de France pour obtenir le consentement de l'ascendant au projet de mariage ; en cas de refus, il lui demande de faire dresser l'acte respectueux exigé par la loi ; mais, pour des causes diverses : éloignement, difficulté de communication, il peut se faire que ces actes ne puissent être reçus dans la forme légale : le consul constate le fait, relate les impossibilités matérielles qui ont empêché la notification officielle de ces actes et fait connaître que l'ascendant a été simplement avisé par ses soins, du projet de mariage et qu'il a été mis en demeure d'y former opposition. Cette attestation offre des garanties suffisantes, c'est du moins ce qu'a décidé la Chancellerie (11 janvier 1894).

Sont dispensés de la formalité de l'acte respectueux lorsque les ascendants habitent l'Europe : 1° Les personnes résidant à la Nouvelle-Calédonie ou dans les autres établissements français de l'Océanie (D. 28 juin 1877, art. 1er) ; — 2° Les personnes résidant en Cochinchine (D. 27 janv. 1883, art. 1er) ; — 3° Les personnes résidant en Annam, au Tonkin ou au Cambodge (D. 20 janv. 1890, art. 1er); — 4° Les personnes qui subissent leur peine dans un établissement pénitentiaire des colonies (D. 24 mars 1866, art. 1er); — 5° Les condamnés à la relégation subissant leur peine aux colonies (D. 11 nov. 1887, art. 1er). — La dispense existe pour les futurs résidant dans les établissements français de l'Océanie, dès que leurs ascendants résident au dehors de ces établissements quel que soit le lieu de leur résidence (D. 18 oct. 1891, art. 1er) (Le Poittevin, *Dict. des Parquets*, t. III, p. 186).

ARTICLE 3.

DU CONSENTEMENT DE LA MÈRE DIVORCÉE OU SÉPARÉE DE CORPS.

La disposition contenue dans l'art. 3 de la loi du 20 juin 1896 (nouvel art. 152 du Code civil) constitue une heureuse innovation, en ce sens qu'elle donne à la mère de famille en faveur de laquelle le divorce ou la séparation de corps a été prononcée et qui a obtenu la garde de l'enfant, le droit de consentir utilement au mariage de cet enfant, alors que le père refuse son consentement.

Mais comment doit-on entendre cette expression de l'art. 3? « Le consentement de celui des deux époux au profit duquel le divorce ou la séparation de corps aura été prononcée et qui aura obtenu la garde de l'enfant suffira. » De prime abord elle paraît prêter à l'ambiguïté et pouvoir donner lieu à une fausse interprétation.

Cette expression signifie-t-elle que la mère étant appelée à bénéficier du droit que lui confère cet article, le père se trouvera de par ce fait déchu du droit à consentement à mariage que lui confère l'art. 148 du Code civil ; nous ne le pensons pas : en effet cette question bien qu'elle n'ait pas été soulevée directement lors de la discussion de la loi a été implicitement tranchée dans la séance de la Chambre du 4 avril 1895 par M. le Garde des Sceaux, qui s'exprimait à ce sujet de la façon suivante : « Nous disons « que, lorsqu'il n'y a pas accord entre le père et la « mère, le consentement de la mère qui a obtenu la « séparation de corps ou son divorce doit suffire. »

Le droit du père reste donc intact, nous en trouvons encore une preuve dans l'esprit même de la loi, dans l'intention du législateur qui a eu en vue de faciliter le mariage, et qui, si la solution contraire était admise, n'aurait fait dans le cas présent que transporter du père à la mère le droit de consentement au mariage ; c'est-à-dire que le père qui, aux termes de l'art. 148 du Code civil, pouvait toujours utilement, même en cas de dissentiment avec la mère, consentir seul au mariage de son enfant, se verrait déchu de ce même droit, qui passerait à la mère conformément aux dispositions du dit art. 3 et dans les conditions indiquées par cet article.

Pour admettre que le père de famille ait encouru pareille déchéance, il eût été absolument nécessaire qu'elle fût inscrite en toutes lettres dans le texte de la nouvelle loi; or, si l'art. 3 n'est pas suffisamment explicite, par contre il ne contient aucune disposition abrogeant l'art. 148 du Code civil. Dans sa circulaire du 20 juillet 1896 la Chancellerie a d'ailleurs écarté cette interprétation possible : « L'art. 3 de la « nouvelle loi (dit-elle) place sous l'art. 152 du Code « civil une disposition qui fait exception à la règle « écrite dans l'art. 148 : En cas de dissentiment entre « parents divorcés ou séparés de corps, le consen- « tement de la mère suffira, à cette double condi- « tion, que le divorce ou la séparation de corps ait « été prononcée à son profit et qu'elle ait obtenu la « garde de l'enfant. »

Nous estimons donc que le droit qu'a le père de consentir au mariage de son enfant persiste alors même que le divorce ou la séparation de corps a été prononcé en faveur de la mère, qui a obtenu la garde de l'enfant; ce droit s'exerce concurremment avec celui de la mère et, en cas de refus de l'un des deux époux, le consentement de l'autre suffira. Cette solution nous paraît la seule pratique, elle est de plus conforme à l'esprit même de la loi qui a eu pour but principal de faciliter le mariage.

Il nous reste maintenant à examiner cinq hypothèses qui n'ont pas été prévues par la loi du 20 juin 1896, mais qui étant certainement appelées à se produire nous paraissent nécessiter une solution.

Aux termes de l'art. 2 de la loi (art. 151, C. civ.), le consentement des aïeuls et aïeules est nécessaire alors que les père et mère sont décédés ou dans l'impossibilité de manifester leur volonté.

Dans trois des cas que nous allons spécifier, l'aïeule se trouvant dans les conditions voulues pour la mère par l'art. 3, aura-t-elle les mêmes droits que la mère ? Pourra-t-elle utilement consentir au mariage de son petit-fils ?

1re hypothèse. — Le père et la mère ont un fils qui a bien atteint la majorité de vingt et un ans mais qui n'a pas encore atteint celle de vingt-cinq ans : dans cet intervalle, ils divorcent ou se séparent de corps, le divorce ou la séparation de corps est prononcé au profit de la femme, mais la garde de l'enfant ne peut lui être attribuée puisque celui-ci a atteint sa majorité légale, par contre il n'a pas atteint la majorité prévue par l'art. 148 du Code civil : il doit donc, pour contracter mariage, obtenir le consentement de ses père et mère. Dans ce cas, le consentement de la mère suffira-t-il? L'enfant devra-t-il au contraire obtenir le consentement de son père?

S'il y avait d'autres enfants mineurs et que la mère en ait obtenu la garde, il nous paraît logique d'en déduire qu'elle aurait également obtenu la garde de l'enfant majeur de vingt et un ans, s'il eût été mineur, et comme conséquence nous estimons qu'en cas de dissentiment avec le père, son consentement au mariage du fils suffira.

Mais si au contraire il n'y avait pas d'autre enfant mineur, la déduction précédemment par nous faite ne s'imposerait plus, la mère ne remplirait plus les deux conditions prévues par la loi du 20 juin 1896, et par suite nous pensons qu'en cas de dissentiment avec le père son consentement serait insuffisant et qu'il y aurait lieu pour l'officier de l'état civil d'exiger le consentement du père.

2° hypothèse. — Le père et la mère ont des enfants, fils ou filles, qui ont atteint la majorité prévue par l'art. 148 du Code civil, vingt-cinq ans pour les garçons, vingt et un ans pour les filles ; ces derniers n'en sont pas moins tenus, avant de contracter mariage, de solliciter le consentement de leurs père et mère.

Quid? si ceux-ci viennent à divorcer ou à se séparer de corps, alors que le divorce ou la séparation de corps est prononcée au profit de la mère; le consentement de la mère suffira-t-il? L'enfant devra-t-il au contraire obtenir le consentement de son père?

Ce cas ne diffère du précédent qu'en la faculté accordée au fils, vu son âge, de recourir à l'acte respectueux, si les père et mère refusent de consentir à son mariage; mais par rapport au consentement lui-même, les enfants se trouvant vis-à-vis de leurs père et mère dans une situation identique à celle prévue dans la première hypothèse, il n'y aura donc qu'à appliquer la solution ci-dessus indiquée.

3ᵉ hypothèse. — Le père et la mère sont dans l'impossibilité de manifester leur volonté ou décédés, laissant des enfants mineurs; les aïeux de l'une des deux lignes paternelle ou maternelle sont également dans l'imposibilité de manifester leur volonté ou décédés mais les aïeux de l'autre ligne sont tous deux vivants.

Postérieurement aux faits qui ont entraîné la déchéance légale du père et de la mère, ou à leur décès, les aïeux survivants de la même ligne divorcent ou se séparent de corps, le divorce ou la séparation de corps est prononcée en faveur de l'aïeule qui obtient la garde de son petit-fils; son consentement au mariage sera-t-il suffisant?

L'enfant devra-t-il au contraire obtenir le consenlement de l'aïeul? Telle est la première question qui se pose. Raisonnant avec le texte des art. 148 et 150 du Code civil, nous disons: aux termes de ces articles le consentement du père comme celui de l'aïeul est toujours nécessaire en cas de dissentiment avec la mère ou avec l'aïeule; or, par le vote de l'art. 3 de la loi du 20 juin 1896, une exception a été apportée à la règle écrite dans l'art. 148, en accordant à la mère divorcée ou séparée de corps, en faveur de laquelle le divorce ou la séparation de corps a été prononcée et qui a obtenu la garde de son enfant, le droit de consentir utilement au mariage de son enfant. *A fortiori* doit-on accorder ce même droit à l'aïeule, lorsqu'elle se trouvera, elle aussi, dans des conditions absolument identiques à celles prévues pour la mère par le dit art. 3; raisonnant alors avec l'esprit de la loi, nous disons qu'en votant cet art. 3 le législateur a implicitement apporté une exception à la règle écrite dans l'art. 150 du Code civil.

A notre avis la question ne peut faire aucun doute, dans le cas ci-dessus spécifié, l'aïeule aura les mêmes droits que la mère et elle pourra utilement consentir au mariage de son petit-fils, alors même que l'aïeul refuserait son consentement.

4e hypothèse. — Le père et la mère sont dans l'impossibilité de manifester leur volonté ou décédés, laissant des enfants mineurs, les aïeux de l'une des deux lignes paternelle ou maternelle sont également dans l'impossibilité de manifester leur volonté ou décédés, mais les aïeux de l'autre ligne sont tous deux vivants.

Antérieurement aux faits qui ont entraîné la déchéance légale du père et de la mère ou, à leur décès, les aïeux survivants de la même ligne avaient divorcé ou s'étaient séparés de corps, alors que leur fils ou fille était encore mineur; le divorce ou la séparation de corps avait été prononcée en faveur de la mère qui avait obtenu la garde de son enfant, son consentement au mariage de son petit-fils ou de sa petite-fille sera-t-il suffisant? L'enfant devra-t-il au contraire obtenir le consentement de l'aïeul?

Nous n'hésitons pas à résoudre cette seconde question dans le même sens que la précédente et cela pour des raisons identiques. A notre avis dans ce second cas il pourra être passé outre au mariage si l'aïeule donne son consentement alors même que l'aïeul le refuserait.

5ᵉ hypothèse. — Le père et la mère sont dans l'impossibilité de manifester leur volonté ou décédés laissant des enfants mineurs, les aïeux de l'une des deux lignes paternelle ou maternelle sont également dans l'impossibilité de manifester leur volonté ou décédés, mais les aïeux de l'autre ligne sont tous deux vivants. Antérieurement aux faits qui ont entraîné la déchéance légale du père et de la mère ou, à leur décès, les aïeux survivants de la même ligne avaient divorcé ou s'étaient séparés de corps, alors que leur fils ou fille était déjà majeur, le divorce ou la séparation de corps a été prononcé en faveur de l'aïeule, son consentement au mariage de son petit-fils sera-t-il suffisant? L'enfant devra-t-il au contraire obtenir le consentement de l'aïeul?

L'art. 3 exige une double condition pour que la mère puisse concurremment avec le père consentir au mariage de son enfant : 1° que le divorce ou la séparation de corps ait été prononcé en sa faveur; 2° qu'elle ait obtenu la garde de l'enfant. Dans le cas qui nous occupe l'aïeule ne remplit que l'une de ces deux conditions, car si le divorce ou la séparation de corps a pu être prononcé en sa faveur, par contre elle n'a pu obtenir la garde de son enfant déjà majeur, ni celle de son petit-fils ou petite-fille nécessairement sous la puissance de ses père et mère encore vivants. Nous en concluons donc que l'aïeule ne remplissant pas la double condition exigée par l'art. 3 ne peut être substituée aux droits de la mère, et comme conséquence, que le consentement de l'aïeul est indispensable pour pouvoir passer outre au mariage.

Tableau synoptique.

1° Le père et la mère sont divorcés ou séparés de corps, le divorce ou la séparation de corps a été prononcé en faveur du père qui a obtenu la garde de son enfant

2° Le père et la mère sont divorcés ou séparés de corps, le divorce ou la séparation de corps a été prononcé aux torts réciproques des deux époux

3° Le père et la mère sont divorcés ou séparés de corps, le divorce ou la séparation de corps a été prononcé au profit de la mère, qui n'a pas obtenu la garde de son enfant.

> Le consentement du père est nécessaire.

4° Le père et la mère sont divorcés ou séparés de corps, le divorce ou la séparation de corps a été prononcé en faveur de la mère qui a obtenu la garde de son enfant.

> Le consentement de l'un des deux époux suffira.

5° Le père et la mère ont un fils qui a bien atteint la majorité de vingt et un ans, mais qui n'a pas encore atteint celle de vingt-cinq ans, dans cet intervalle ils divorcent ou se séparent de corps, le divorce ou la séparation de corps est prononcé au profit de la femme, mais la garde de l'enfant ne saurait lui être attribuée puisque l'enfant a atteint sa majorité légale, par contre il n'a pas atteint la majorité prévue par l'art. 148 du Code civil, il doit donc, pour pouvoir contracter mariage, obtenir le consentement de ses père et mère. Dans ce cas le consentement de la mère suffira-t-il ? L'enfant devra-t-il au contraire obtenir le consentement de son père.

6° Le père et la mère ont des enfants, fils ou filles qui ont atteint la majorité prévue par l'art. 148 du Code civil vingt-cinq ans pour les garçons, vingt et un ans pour les filles, ces derniers n'en sont pas moins tenus avant de contracter mariage de solliciter le consentement de leurs père et mère.

Quid ? si ceux-ci viennent à divorcer ou à se séparer de corps, alors que le divorce ou la séparation de corps est prononcé au profit de la mère : le consentement de la mère suffira-t-il ? L'enfant devra-t-il au contraire obtenir le consentement de son père ?

> S'il y avait d'autres enfants et que la mère en ait obtenu la garde, nous estimons qu'en cas de dissentiment avec le père, le consentement de la mère suffirait. Si au contraire il n'existait pas d'autre enfant mineur, la mère ne remplissant plus les deux conditions voulues par la loi du 20 juin 1896, le consentement du père devrait, d'après nous, être exigé.

7° Le père et la mère sont dans l'impossibilité de manifester leur volonté ou décédés laissant des enfants mineurs; les aïeux de l'une des deux lignes paternelle ou maternelle sont également dans l'impossibilité de manifester leur volonté ou décédés, mais les aïeux de l'autre ligne sont tous deux vivants. Postérieurement aux faits qui ont entraîné la déchéance légale du père et de la mère, ou à leur décès, les aïeux survivants de la même ligne divorcent ou se séparent de corps, le divorce ou la séparation de corps est prononcé en faveur de l'aïeule qui obtient la garde de son petit-fils.

Il pourra être passé outre au mariage du petit fils ou de la petite fille, sur le seul consentement de l'un des deux aïeuls survivants, c'est du moins là notre avis.

8° Le père et la mère sont dans l'impossibilité de manifester leur volonté ou décédés laissant des enfants mineurs, les aïeux de l'une des deux lignes paternelle ou maternelle sont également dans l'impossibilité de manifester leur volonté ou décédés, mais les aïeux de l'autre ligne sont tous deux vivants. Antérieurement aux faits qui ont entraîné la déchéance légale du père et de la mère ou, à leur décès, les aïeux survivants de la même ligne avaient divorcé ou s'étaient séparés de corps alors que leur fils ou fille était encore mineur, le divorce ou la séparation de corps avait été prononcé en faveur de la mère qui avait obtenu la garde de son enfant, son consentement au mariage de son petit-fils ou de sa petite-fille sera-t-il suffisant ?

9° Le père et la mère sont dans l'impossibilité de manifester leur volonté ou décédés laissant des enfants mineurs, les aïeux de l'une des deux lignes paternelle ou maternelle sont également dans l'impossibilité de manifester leur volonté ou décédés, mais les aïeux de l'autre ligne sont tous deux vivants. Antérieurement aux faits qui ont entraîné la déchéance légale du père ou de la mère ou, à leur décès, les aïeux survivants de la même ligne avaient divorcé ou s'étaient séparés de corps, alors que leur fils ou fille était déjà majeur, le divorce ou la séparation de corps avait été prononcé en faveur de l'aïeule, son consentement au mariage de son petit-fils suffira-t-il ?

Le petit-fils ou la petite-fille ne pourra se marier qu'après avoir obtenu le consentement de son aïeul, le consentement de son aïeule n'est pas suffisant ; c'est là du moins ce que nous avons cru devoir décider.

Modèle nº 5.

—

Acte de consentement donné par la femme divorcée.

Par devant nous (nom et prénoms), maire, adjoint ou conseiller municipal, légalement délégué ou remplaçant le maire empêché de la commune de......., département de........, officier de l'état civil.

A comparu :

Madame (nom, prénoms, profession de la mère consentante), demeurant à........, rue........, nº........, épouse divorcée ou séparée de corps du sieur (nom, prénoms, profession de l'ex-conjoint), ainsi qu'il résulte d'un jugement rendu par le tribunal de première instance de........, le (date du jugement), jugement qui a prononcé le divorce ou la séparation de corps à son profit et qui lui a octroyé la garde de son enfant.

Laquelle usant du droit qui lui a été conféré par l'art. 8 de la loi du 20 juin 1896 a, par ces présentes........

Le surplus comme en la formule nº 1.

—

Modèle n° 6.

—

Consentement donné par l'aïeule divorcée.

Suivre les indications du modèle n° 1 jusqu'à : Ont comparu.

A comparu :

Madame (nom, prénoms, profession de l'aïeule consentante), aïeule paternelle ou maternelle, demeurant à........., rue........., n°........., épouse divorcée ou séparée de corps du sieur (nom, prénoms, profession de l'ex-conjoint), ainsi qu'il résulte d'un jugement rendu par le tribunal de première instance de........., le (date du jugement), jugement qui a prononcé le divorce ou la séparation de corps à son profit et qui lui a octroyé la garde de son fils ou de son petit-fils.

Laquelle usant du droit qui lui a été implicitement conféré par l'art. 3 de la loi du 20 juin 1896 a, par ces présentes, déclaré consentir au mariage que Monsieur ou Mademoiselle (nom, prénoms, profession du futur en faveur duquel le consentement est donné), son petit-fils ou sa petite-fille, né à........., le........., du mariage d'entre (noms et prénoms du père et de la mère du futur en faveur duquel le consentement est donné), tous deux décédés, se propose de contracter avec. ...

Le surplus comme en la formule n° 1.

ARTICLE 4.

CAS OÙ LE CONSENTEMENT DES ASCENDANTS EST FACULTATIF.

L'art. 4 de la loi substitue au texte ancien de l'art. 153 une disposition qui facilite le mariage de ceux dont les ascendants subissent la peine de la relégation ou sont maintenus aux colonies en conformité de l'art. 6 de la loi du 8 mai 1854.

Aux termes du dit art. 4 et dans les cas qu'il spécifie les futurs époux ont la faculté de demander le consentement ou conseil de leurs ascendants, mais ils sont libres de passer outre à la célébration de leur mariage s'ils ne croient pas devoir se soumettre à cette formalité. Par contre, dans certains cas que nous croyons devoir énumérer, les parents sont absolument privés du droit de donner leur consentement ou leur conseil.

CAS OÙ LES PÈRE ET MÈRE OU ASCENDANTS SONT DANS L'IM-
POSSIBILITÉ DE MANIFESTER LEUR VOLONTÉ.

1° Lorsqu'ils sont frappés d'interdiction pour cause

d'imbécillité, de démence ou de fureur (art. 489 et suiv., C. civ.);

2° Lorsque sans être interdits, ils sont enfermés dans un asile d'aliénés;

3° Lorsque sans être interdits ou séquestrés dans un asile, ils ont cependant une intelligence trop affaiblie pour donner un consentement valable;

4° Lorsqu'ils ont été déchus des droits de la puissance paternelle par application de la loi du 24 juillet 1889;

5° Lorsqu'ils se trouvent en état d'interdiction légale résultant de condamnations à mort, aux travaux forcés, à la détention ou à la réclusion (C. pén., art. 29).

ARTICLE 5.

DE CERTAINES FORMALITÉS RELATIVES A LA CÉLÉBRATION DU MARIAGE.

Nous avons commenté et expliqué avec l'art. 2 de la présente loi les dispositions contenues dans l'ancien art. 155 du Code civil; il nous reste à examiner les innovations introduites dans le Code par l'art. 5 de la loi du 20 juin 1896.

Cet article comprend trois paragraphes nouveaux dont le texte est la reproduction de l'avis du Conseil d'État du 4 thermidor an XIII avec une légère modification qui lui donne une portée qu'il n'avait pas autrefois. Cette modification a été introduite dans la partie du texte destinée à régler la situation des futurs époux, qui ne peuvent produire soit l'acte de décès des ascendants, dont le consentement ou le conseil est requis, soit la preuve de leur absence, faute de connaître leur dernier domicile. En pareil cas, lit-on, dans l'avis du Conseil d'État : « Il peut être procédé à la célébration du mariage des majeurs sur leur déclaration..... » L'officier de l'état civil avait donc le droit d'appréciation et il en usait quelquefois pour refuser de célébrer le mariage afin de se mettre à l'abri de toute responsabilité. Le texte nouveau renferme une formule impérative : « Il sera procédé à la célébration... » Il en résulte qu'en dehors du cas où il apparaîtrait que les futurs époux ne sont pas sincères et veulent faire fraude à la loi, l'officier de l'état civil sera tenu de célébrer leur mariage sur leur déclaration faite sous la foi du serment et appuyée par celle des quatre témoins, que le lieu du décès et celui du dernier domicile de leurs ascendants leur sont inconnus (Circ. Chancellerie, 23 juillet 1896).

Père et mère décédés.

En introduisant dans la loi ce qui depuis longtemps déjà était passé dans la pratique, le législateur a voulu non seulement restreindre les formalités excessives exigées primitivement par le Code, mais encore diminuer les frais qui en étaient la conséquence inévitable; à cet effet, dans le § 1er de l'art. 5 il a décidé avec juste raison qu'en cas de décès des père et mère, il n'y avait plus lieu à production de leurs actes de décès à la condition que les aïeuls ou aïeules pour la branche à laquelle ils appartiennent attestent ce décès, mention de cette attestation devra être faite dans l'acte de mariage; les bisaïeuls peuvent, de la même façon et dans des conditions identiques, attester le décès des aïeuls. Il y a lieu de remarquer qu'en cas de décès du père la règle ci-dessus posée ne sera pas applicable, il ne suffira jamais que la mère vienne affirmer le décès du père : ce paragraphe ne prévoit en effet que l'hypothèse où les père et mère sont l'un et l'autre décédés.

Ascendants décédés ou absents.

Le § 2 de l'art. 5 indique comment il doit être procédé, si les ascendants dont le consentement ou conseil est requis sont décédés et si l'on est dans l'impossibilité de produire l'acte de décès ou la preuve de leur absence faute de connaître leur dernier domicile.

Dans ce cas il devra être procédé à la célébration

du mariage des majeurs, sur leur déclaration à serment que le lieu du décès et celui du dernier domicile de leurs ascendants leur sont inconnus.

Le § 3 contient la disposition additionnelle ci-après qui ne comporte aucun commentaire : « La déclaration à serment des majeurs doit être certifiée aussi « par serment des quatre témoins de l'acte de mariage « lesquels affirment que, quoiqu'ils connaissent les « futurs époux, ils ignorent le lieu du décès de leurs « ascendants et de leur dernier domicile. Les officiers « de l'état civil doivent faire mention de ces déclara- « tions dans l'acte de mariage. »

ARTICLE 6.

FUTURS CONJOINTS INDIGENTS.

La loi nouvelle s'est préoccupée d'une façon toute spéciale du mariage des indigents.

Elle range l'acte respectueux dans la catégorie de ceux compris dans l'art. 4 de la loi du 10 décembre 1850, qui doivent être visés pour timbre et enregistrés gratis.

Elle prescrit la gratuité absolue de l'acte respectueux et des actes de consentement à l'égard des officiers publics qui les recevront. Cette disposition, quelqu'absolue qu'elle soit, comporte toutefois une exception pour le cas où la notification de l'acte respectueux obligerait un notaire à se transporter à plus d'un myriamètre de sa résidence; on ne saurait lui faire supporter les frais occasionnés par son transport et il est en droit de les réclamer à la partie intéressée. Les notaires apporteront toujours dans leurs réclamations la plus grande modération. Il existe dans le notariat des traditions qui me dispensent d'insister sur ce point.

Le bénéfice de la loi du 18 décembre 1850 n'est requis que moyennant la production du certificat d'indigence (Circ. Chancellerie, 28 juillet 1896).

Le certificat d'indigence sera délivré par le commissaire de police ou par le maire dans les communes où il n'existe pas de commissaire de police, sur le vu d'un extrait du rôle des contributions constatant que les parties intéressées paient moins de dix francs d'impôts, ou d'un certificat du percepteur de leur commune constatant qu'elles ne sont pas imposées. Le certificat d'indigence sera visé et approuvé par le juge de paix, il sera fait mention dans le visa de l'extrait des rôles ou du certificat du percepteur (art. 6, L. 10 déc. 1850).

Antérieurement à la loi du 20 juin 1896 il appartenait aux parties intéressées de s'occuper par elles-mêmes du visa prescrit ci-dessus; à seule fin d'éviter aux indigents des pertes de temps et d'argent, la Chancellerie a décidé que, désormais, au lieu de remettre le certificat à la personne qu'il concerne, le maire ou le commissaire de police qui aura dressé cette pièce l'enverra par la poste au juge de paix, en y joignant le certificat négatif ou l'extrait du rôle délivré par le percepteur.

Après avoir apposé s'il y a lieu son visa sur le certificat d'indigence le juge de paix renverra par la même voie les pièces à la mairie ou au commissariat de police, où elles seront tenues à la disposition des intéressés.

Cette double transmission se fera sans frais (Circ. Chancellerie, 23 juillet 1896). Si un certificat d'indigence est délivré par des autorités étrangères il est indispensable qu'il soit revêtu du visa diplomatique (Décis. Chancellerie, 9 août 1878, *Bull. Off.*, 1878, p. 83).

Pour terminer, ajoutons que lorsque les futurs sont indigents, il appartient à l'officier de l'état civil qui doit procéder à la célébration du mariage, de réunir toutes les pièces, tous les actes nécessaires. Les expéditions de ces pièces peuvent, sur la demande de l'officier de l'état civil, être réclamées et transmises par les procureurs qui sont d'ailleurs toujours compétents pour procéder à tous actes d'instruction préalable à la célébration du mariage (art. 1 et 2, L. 10 déc. 1850).

Les actes ou pièces délivrés en exécution de cette loi doivent indiquer qu'ils sont destinés à la célébration d'un mariage entre indigents; ils ne peuvent servir à autres fins sous peine de 25 fr. d'amende, outre le paiement des droits contre ceux qui en feraient usage ou qui les auraient indûment délivrés ou reçus (art. 7).

Modèle n. 7.

Certificat d'indigence.

Le maire de la commune de........, canton de........ département de........

Certifie que le nommé (nom, prénoms, profession de la personne à laquelle est délivré le certificat), né à........, le........, fils de........ et de........, ne possède ni meubles, ni immeubles et qu'il est dans un état complet d'indigence.

En foi de quoi il lui a délivré le présent certificat à fin de mariage sur le vu du certificat négatif délivré au sieur........ par le percepteur de la commune de........ où il est domicilié.......... ou sur le vu d'un extrait du rôle des contributions constatant que le sieur........ paie moins de dix francs d'impôts.

Délivré à........., le........

(Cachet de la mairie).   Le maire.

Nous soussigné, juge de paix du canton de........,
vu........

1° Le certificat de non-imposition délivré par M. le percepteur de........, ou vu l'extrait du rôle des contributions constatant que le sieur........ paie moins de dix francs d'impôts ;

2° Le certificat d'indigence délivré par M. le maire de la commune de........

3° L'art. 6 de la loi du 10 décembre 1850 sur le mariage des indigents.

Avons visé le présent certificat d'indigence délivré au sieur........, après avoir acquis la certitude que le susnommé est réellement indigent.

Fait à........, le........, 18
Le juge de paix.
(Cachet de la justice de paix).

ARTICLE 7.

DES OPPOSITIONS A MARIAGE.

Aux termes des art. 172, 173, 174 du Code civil, un certain nombre de personnes ont le droit de faire opposition au mariage, mais avec cette réserve que, tous opposants à l'exception des ascendants, peuvent être, en cas de rejet de leur opposition, condamnés à des dommages-intérêts.

Cette perspective d'une condamnation possible à des dommages-intérêts était largement suffisante pour arrêter ceux des parents qui pouvaient s'en rendre passibles en formant une opposition qui aurait été dictée, non dans l'intérêt du futur, mais sous l'empire d'une animosité quelconque; il n'y avait donc pas à craindre de leur part une intervention sans motifs légaux de nature à reculer la célébration du mariage : la situation des ascendants était bien différente, n'ayant pas à redouter pareille éventualité, furieux de voir leur autorité méconnue, ils obéissaient bien souvent à un sentiment de rancune en formant opposition au mariage de leurs enfants. Leur seul but était de retarder indéfiniment une union qui pouvait leur déplaire et, en épuisant toutes les ressources d'une procédure compliquée,

Ils réussissaient à entraver quelquefois durant plusieurs mois, voire même durant des années, la célébration du mariage de leurs enfants.

Le législateur a bien compris que sa loi serait incomplète et ne produirait aucun effet s'il n'apportait un tempérament à ce pouvoir des ascendants, aussi par un paragraphe additionnel à l'art. 179 a-t-il décidé qu'à l'avenir les jugements et arrêts par défaut rejetant des oppositions à mariage ne seraient pas susceptibles d'opposition.

Cette exception au principe posé par le Code de procédure civile, tout en mettant un terme à l'abus que pouvaient faire les ascendants du droit qui leur était conféré par l'art. 173 du Code civil permet néanmoins aux enfants de faire opposition à un jugement de défaut admettant l'opposition à mariage, qui aurait été surpris à leur encontre.

Le but de la loi : faciliter le mariage est donc en partie atteint, il n'y a qu'à se louer de cette heureuse innovation.

ARTICLE 8.

Cet article rend applicable à l'Algérie et aux colonies de la Guadeloupe, de la Martinique, de la Réunion, les dispositions de la loi du 20 juin 1896.

HISTORIQUE

HISTORIQUE.

Depuis longtemps par l'organe de ses écrivains les plus autorisés, la presse avait signalé à l'attention du gouvernement la décroissance constante des naissances dans notre pays de France. Le calcul qui vient d'être fait à ce sujet, pour ce que j'appellerai l'année parturielle 1805-1806, a confirmé les prévisions pessimistes de tous ceux qui, à juste titre, se préoccupent d'une dépopulation anormale.

Constatée dans le rapport de la commission de la Chambre, cette dépopulation correspond à une diminution proportionnelle des mariages; ce rapport établit, en effet, que de 1883 à 1890, en même temps qu'une diminution de 1 0/0 dans les naissances, il s'est produit une diminution correspondante dans les mariages; c'est ainsi que nous sommes tombés de 289.000 mariages en 1884 à 269.000 en 1890, et comme conséquence, le total des naissances qui était en 1883 de 937.000 est tombé en 1890 à 838.000.

Cette dépopulation qui n'est encore pour nous à ce jour qu'une cause d'infériorité à l'égard des nations voisines menant la veillée des armes sur notre frontière peut devenir demain un danger si les pouvoirs publics n'avisent à prendre des mesures de na-

[illegible]

[illegible]

[illegible]

[illegible]

[illegible]

[illegible]

[illegible]

rmalités compliquées dont le Code civil entoure
rilage. Dans bien des cas qui n'ont rien d'ailleurs
pour accomplir les démarches et actes que cela
rait nécessité, sans parler des frais, est tel que
par lasser la patience des futurs époux, qui
regnent à une cohabitation qui, dans leur pensée
doit être plus tard régularisée, mais qui, en fait,
n'est que trop souvent brisée par l'abandon.

Cette proposition de M. Félix Leroy fut l'objet d'un
rapport dont les conclusions étaient favorables au
vœu, mais elle ne vint pas en discussion au cours
de la législature de 1889 à 1893; reprise en 1896 par
M. Gailhard de Panchevelle elle fut votée en première
lecture, mais il ne fut pas procédé au second vote
qui la rendait définitive et la transmettait au Sénat.

C'est à l'honorable M. Lemire, député du Nord, que
revient l'honneur d'avoir fait aboutir cette loi qui
simplifie certaines formalités relatives au mariage,
augmente pour les indigents les cas de dispense et
en supprime les frais revenant au Trésor.

Avant d'examiner article par article la discussion
de la loi du 20 juin 1896 votée par la Chambre et le
Sénat, il est nécessaire d'étudier le contre-projet
présenté par M. Charles Ferry, ainsi conçu:

Article unique. — Le fils qui a atteint l'âge de
vingt-cinq ans accomplis, la fille qui a atteint l'âge

« de vingt et un ans accomplis peuvent contracter
« mariage sans le consentement de leurs père et
« mère.

« Les art. 151, 152, 153, 154, 155, 157 et 158 du
Code civil sont abrogés. »

Le contre-projet s'inspirait du même esprit qui
avait dicté à M. l'abbé Lemire sa proposition de loi.

Voici comment s'exprimait à ce sujet M. Charles
Ferry (Chambre des députés, séance du 2 avril 1895).

« Douloureusement ému des chiffres de décrois-
« sance constante et pour ainsi dire implacable de la
« population que nous apportent chaque année les
« statistiques officielles, je vous demande de sup-
« primer la formalité de la sommation respectueuse
« maintenue par la commission, qui, en cette cir-
« constance m'a paru bien timide, bien timorée,
« qu'elle me permette de le lui dire, car elle n'a fait
« en définitive qu'établir pour l'âge de vingt-cinq ans
« ce qui existe d'après le Code pour l'âge de trente
« ans, en réduisant dans la grande majorité le nombre
« des sommations de trois à une. »

Cette disposition franchement libérale portait-elle
atteinte, ainsi qu'on l'a prétendu, à l'autorité paternelle, à la famille ? faisait-elle échec au Code civil ?

Nous admettons parfaitement que le père de famille conserve sur ses enfants mineurs cette auto-

rité qu'il tient de la nature, ces droits que lui donne la loi, nous comprenons que cette autorité, ces droits aient été complets, absolus, alors que la famille fortement groupée autour de son chef constituait le premier échelon d'une espèce de constitution politique, telle qu'elle existe encore de nos jours parmi les tribus arabes, alors que le père de famille jouait dans les sociétés primitives le rôle de magistrat, de gendarme, voire même de bourreau, mais au fur et à mesure qu'évoluent les peuples vers une civilisation plus avancée, ne voyons-nous pas se modifier, s'atténuer cette autorité, ces droits? ne voyons-nous pas progressivement l'État restreindre cette puissance paternelle, s'y substituer même? A vingt et un ans l'enfant devient légalement un homme, vous lui concédez pour ainsi dire tous les droits : il est électeur; s'il a de la fortune, il peut se ruiner; s'il commet un crime, un délit, il en supporte directement toutes les conséquences; l'État vient et lui dit : la patrie a besoin de ton sang; tu vas le verser pour elle; et à cet homme que vous prenez à sa famille, à cet homme que vous venez d'émanciper pour la mort, vous refusez le droit de procréer légalement sans l'autorisation paternelle, vous lui refusez le droit de disposer de sa personne, de s'unir à celle qu'il a pu compromettre; de la jeune fille qui tout en cédant à un moment d'entraînement a pu rester honnête vous faites une prostituée; de l'enfant un bâtard; n'est-ce pas là une prime à l'immoralité, un encouragement au concubinage, à la dépravation, car vous savez fort bien qu'à de rares exceptions près les parents refuseront leur consentement et que le temps aidant ils auront trop souvent raison d'une volonté assouvie.

N'y avait-il pas en outre un précédent qui devait encourager la Chambre à voter la proposition de M. Charles Ferry? Dans la première partie de son remarquable discours, l'honorable député a rappelé à l'appui de sa thèse que la Convention nationale avait aboli par la loi du 26 septembre 1792 cette formalité des actes dits respectueux que nous tenons de l'ancien régime; cette formalité fut rétablie en 1803, alors qu'oublieux déjà des immortels principes de 1789, nos ancêtres s'inclinaient devant l'autoritarisme du Premier Consul Bonaparte; il a montré les divers États d'Europe, à l'exception de la Belgique et du Luxembourg, débarrassés de cet *impedimentum* que nous avons cru devoir conserver parce que nous nous disons une nation progressiste et républicaine.

Dans de telles conditions M. Charles Ferry n'aurait-il pas eu le droit d'ajouter en s'adressant à ses collègues, qu'après vingt-six ans de République ils témoigneraient, en repoussant sa proposition, d'un esprit moins large et moins libéral que les législateurs de 1792.

Les objections morales faites au contre-projet de M. Charles Ferry ne nous paraissent donc pas de nature à avoir entraîné le rejet de sa proposition, nous estimons plutôt que la Chambre s'est laissée convaincre par cet argument puissant des obligations respectives créées par la loi entre les parents et les enfants, obligations qui persistent quelles que soient les conditions dans lesquelles un mariage a pu être célébré. L'honorable rapporteur de la commission, en combattant le contre-projet de M. Charles Ferry, s'est gardé de réfuter l'argumentation de son contradicteur, il s'est pour ainsi dire placé sur un terrain strictement légal sans toucher à la question principale, à la question qui, à notre avis, devait dominer tout le débat, à la question de la moralité des actes respectueux.

Ne considérons pas les actes respectueux tels qu'ils ont été conçus par le législateur, tels qu'ils nous apparaissent au point de vue légal, leur seule dénomination d'actes respectueux indique bien que le législateur n'a eu en vue qu'une démarche pleine de soumission ordonnée à l'enfant pour lui permettre de réfléchir, de recevoir les conseils de l'expérience, de revenir sur une détermination imposée par une passion aveugle; mais en réalité dans la pratique de la vie que sont les actes respectueux? Le bon sens populaire a eu bientôt fait d'en interpréter le sens, et dans le langage courant, l'acte respectueux a reçu sa véritable appellation : sommation respectueuse. Ne l'oublions pas! c'est-à-dire mise en demeure de se soumettre. Et alors qu'arrive-t-il? Laissons la parole à l'honorable M. Ralier, rapporteur devant le Sénat de la loi du 20 juin 1896. Il va nous répondre :

« Votre commission avait, en même temps, à se
« demander s'il convenait de maintenir comme dans
« le Code, l'obligation de renouveler à deux reprises
« différentes ce premier acte respectueux. La Cham-
« bre des députés a pensé que non, et votre com-
« mission a estimé de son côté que cette nécessité,
« loin de donner de bons résultats, avait au contraire
« de fâcheuses conséquences dans l'intérêt même
« des enfants.

« Il faut, en effet, reconnaître que, lorsque des
« enfants en arrivent à penser à un acte respectueux,
« à ce que, dans le langage courant, on nomme une
« sommation, ils ont épuisé toutes les tentatives de
« rapprochement possibles vis-à-vis de leurs parents,
« et que, de part et d'autre, toutes les démarches

« utiles de la part des intéressés ou des tiers ont été
« faites, soit pour arrêter la détermination des en-
« fants, soit pour vaincre l'obstination des parents.

« Il est certain que l'enfant qui, une première fois,
« fait un acte respectueux ne s'arrêtera pas, puis-
« qu'il est en état de guerre vis-à-vis de ses parents,
« devant la pensée de continuer les hostilités pen-
« dant deux mois de plus ; et, il faut reconnaître, au
« contraire, que ces mises en demeure agressives et
« successives, les lenteurs qu'elles entraînent, loin
« de calmer les passions, les irritent ; il est permis
« aussi d'affirmer que l'obligation de faire trois actes
« respectueux n'a pas donné de résultats meilleurs
« que si l'on n'avait été tenu qu'à un seul. J'en ap-
« pelle sur ce point à tous ceux qui ont l'expérience
« de la vie ou qui, dans leurs fonctions de maire, ont
« pu connaître de ces situations malheureuses où le
« mariage a lieu sans l'assentiment des parents.

« Il ne s'agit pas de dispenser l'enfant de ses de-
« voirs vis-à-vis des parents et des grands-parents.
« La seule question qui se pose est celle de savoir
« s'il convient, à l'âge qui est indiqué par l'art. 148,
« vingt-cinq ans pour les garçons, vingt et un ans
« pour les filles, de maintenir une formalité qui,
« souvent, d'après la statistique que l'honorable
« M. Demôle lui-même a pris la peine de lire, produit

« de si fâcheux résultats. — Nous avons simplement
« à rechercher si l'enfant, arrivé à l'âge où il a la pos-
« sibilité de se marier sans demander, au point de
« vue légal, le consentement de ses grands-parents,
« doit avoir ou non l'obligation d'accomplir une for-
« malité tout à fait inutile et souvent nuisible.

« Si la théorie de l'honorable M. Demôle était
« acceptée dans son intégralité, quelle en serait la
« conséquence? C'est qu'à aucun âge l'enfant possé-
« dant encore ses parents ou ses grands-parents ne
« pourrait se marier sans solliciter leur consente-
« ment. Il faut cependant abandonner quelque chose
« de ce principe, et comprendre qu'à côté du droit
« des parents et des grands-parents il y a aussi quel-
« qu'un dont on ne parle pas et qui pourtant joue
« un grand rôle dans le mariage, je veux parler de
« l'enfant.

« Eh bien! l'enfant, lorsqu'il atteint cet âge qui
« n'est plus l'âge de l'incapacité légale, a-t-il ou n'a-
« t-il pas la possibilité de se marier librement?

« Pourquoi lui imposer cette formalité plus irres-
« pectueuse que respectueuse que le Code exige?

« Est-ce, en un mot, une nécessité qu'à cet âge, si
« l'action morale, qui doit être une sauvegarde et
« qui ne peut pas être remplacée par une formalité
« judiciaire, est restée sans résultat, le jeune homme

« et la jeune fille libres de leurs droits soient arrêtés
« dans la célébration d'une union à laquelle ils as-
« pirent par un acte de procédure à accomplir? La
« question ne se présente pas dans d'autres termes.
« Il ne s'agit plus de savoir si l'enfant peut se marier
« sans le consentement des grands parents. »

Continuant son argumentation, l'honorable M. Ratier cite alors l'opinion de l'éminent jurisconsulte
M. Laurent :

« On ne peut alléguer qu'une raison en faveur des
« actes respectueux. C'est qu'en arrêtant le mariage,
« ils donnent à l'enfant le temps de réfléchir et de
« revenir sur une solution qui, parfois, est imposée
« par une passion aveugle. Telle est la théorie.

« L'expérience la confirme-t-elle? La résistance des
« ascendants et les lenteurs qu'elle entraîne ne
« calment pas les passions; elles les irritent. L'en-
« fant s'obstine, et l'ascendant, voyant son autorité
« méprisée, s'obstine aussi : le respect filial et l'amour
« paternel font place à la division et à la haine. Ces
« motifs ont engagé le législateur italien à supprimer
« les actes respectueux.

« Les faits prouvent, a-t-on dit, que les actes res-
« pectueux aigrissent les esprits. Et cela est inévi-
« table. Quand l'enfant a recours aux actes respec-
« tueux, la désunion existe : le père refuse de con-

« sentir au mariage, l'enfant persiste. Est-ce que la
« réconciliation va se faire à la voix du notaire qui,
« le plus souvent, n'est pas même reçu?

« Ce n'est pas par des actes officiels que l'on
« apaise les passions, c'est par l'influence que donne
« l'amitié; l'action doit être morale et non judi-
« ciaire. »

N'est-ce pas là le plaidoyer le plus éloquent en
faveur du contre-projet de M. Charles Ferry? Vous
estimez que les enfants ont épuisé toutes les tentatives de rapprochement, lorsqu'ils en arrivent à penser à un acte respectueux, vous déclarez qu'ils se
trouvent en état de guerre vis-à-vis de leurs parents,
lorsqu'ils ont fait un acte respectueux, et vous main-
tenez cette formalité, vous ne pouviez proclamer plus
hautement l'inconséquence qui existe entre vos aspirations et leur application, entre vos convictions et
les concessions que vous avez cru devoir faire à l'esprit par trop conservateur qui dicte vos décisions;
vous reconnaissez que la nécessité des trois actes
respectueux a produit de mauvais résultats; pensez-
vous qu'en conservant un seul de ces actes, vous
atténuerez sensiblement l'acuité des passions soulevées par une première sommation? Croyez-vous, d'autre part, qu'en imposant aux enfants cette formalité
plus irrespectueuse que respectueuse, ainsi que vous

la qualifiez, croyez-vous, dis-je, que cette formalité sera moins irrespectueuse, parce qu'elle ne se produira qu'une seule fois? N'eût-il donc pas été utile et sage, en présence de ces constatations de l'expérience, qui nous ont fixé sur le véritable caractère de l'acte respectueux, sur ces graves inconvénients, de supprimer purement et simplement une formalité qui est une malheureuse entrave à la liberté du mariage, un encouragement au concubinage, une source d'irréparables divisions entre les membres d'une même famille.

La sommation respectueuse, nous ne saurions la considérer que comme un déplorable *impedimentum*, de nature à envenimer les rapports tendus par fois entre les parents et les enfants, rapports qui, avec le temps, deviendraient meilleurs, s'il ne restait cette trace officielle d'un désaccord, généralement considéré par les parents comme un affront mortel à leur amour-propre, comme une profonde injure à leur autorité.

Supprimer la sommation respectueuse, c'eût été permettre au temps d'accomplir son œuvre de pacification, c'eût été faire disparaître cet infranchissable fossé qu'elle creuse entre les parents et leur enfant, fossé que la venue d'un nouveau-né n'arrive pas lui-même à combler.

Les adversaires du contre-projet Ferry ont objecté que son adoption aurait pour conséquence de soustraire entièrement l'enfant majeur de vingt-cinq ans, la fille majeure de vingt et un ans, à l'autorité de leurs auteurs; nous nous sommes suffisamment expliqués sur ce point pour qu'il nous soit permis de ne pas insister davantage; ils ont fait observer que les parents n'auraient même pas, dans certains cas, connaissance du mariage de leurs enfants. L'objection nous paraît spécieuse, il eût été facile d'introduire dans la loi un article additionnel qui aurait pu être rédigé dans les termes suivants :

« Les enfants de famille ayant atteint la majorité
« fixée par l'art. 148 sont tenus, avant de contracter
« mariage, d'en donner avis à leurs père et mère ou
« à leurs aïeuls ou aïeules lorsque leurs père et mère
« sont décédés ou dans l'impossibilité de manifester
« leur volonté. »

Cette seconde objection écartée, reste celle d'un entraînement passionnel qui, dans certains cas, peut conduire un enfant à contracter une union regrettable. Vous argumentez sur l'exception et non sur la règle, mais les lois, pensons-nous, doivent être faites pour la généralité des citoyens et non particulièrement pour sauvegarder la situation de quelques fils de famille généralement peu intéressants.

Tout en indiquant les moyens de réfuter les objections soulevées par les adversaires de M. Charles Ferry nous tenons à déclarer que les palliatifs par nous indiqués sont loin de satisfaire à nos aspirations. Partisans convaincus du principe posé par cet honorable député, nous ne cesserons de réclamer la suppression pure et simple de l'acte respectueux.

Après le rejet du contre-projet de M. Charles Ferry, repoussé par 308 voix contre 238, il fut procédé au vote de l'art. 1er de la loi du 20 juin 1896 ; il fut adopté sans discussion devant la Chambre et devant le Sénat.

« Art. 1er de la loi du 20 juin 1896.

« L'art. 73 du Code civil est ainsi modifié :

« *Art. 73.* L'acte authentique du consentement des
« père et mère ou aïeuls et aïeules ou à leur défaut
« celui de la famille, contiendra les prénoms, noms,
« professions et domiciles du futur époux et de tous
« ceux qui auront concouru à l'acte ainsi que leur
« degré de parenté.

« Hors le cas prévu par l'art. 160, cet acte de consen-
« tement pourra être donné soit devant un notaire,
« soit devant l'officier de l'état civil du domicile de
« l'ascendant, et à l'étranger devant les agents diplo-
« matiques ou consulaires français. »

L'art. 2 soumis à l'approbation des Chambres par la commission était ainsi conçu :

« Art. 2. L'art. 151 du Code civil est ainsi modifié :

« *Art. 151*. Les enfants de famille ayant atteint la
« majorité fixée par l'art. 148, sont tenus avant de con-
« tracter mariage, de demander par acte respectueux
« et formel le conseil de leur père, de leur mère ou
« celui de leurs aïeuls et aïeules lorsque leur père et
« mère sont décédés ou dans l'impossibilité de mani-
« fester leur volonté. Il pourra être, à défaut de con-
« sentement sur l'acte respectueux, passé outre un
« mois après, à la célébration du mariage.

« Si le domicile et la résidence des aïeuls ou
« aïeules dont le consentement ou le conseil est
« requis, sont inconnus, il sera procédé à la célébra-
« tion du mariage sur la production d'un certificat
« établissant cette situation et délivré par le maire
« du lieu où ces ascendants auraient leur dernier
« domicile ou dernière résidence connus. »

Cet article fut l'objet de l'amendement suivant, déposé par M. Lemire (Chambre des députés, séance du 2 avril 1895).

« Art. 2. L'art. 151 du Code civil est ainsi modifié :

« *Art. 151*. Les enfants de famille ayant atteint la
« majorité fixée par l'art. 148 sont tenus, avant de
« contracter mariage, de demander par acte respec-

« tueux et formel, le conseil de leur père et de leur
« mère, à moins que ceux-ci ne soient dans l'impos-
« sibilité de manifester leur volonté.

« Il pourra être, à défaut de consentement sur
« l'acte respectueux, passé outre un mois après, à la
« célébration du mariage. »

Cet amendement, diminutif du contre-projet Ferry
rejeté par la Chambre, supprimait les actes respectueux vis-à-vis des aïeuls et aïeules lorsque les père
et mère étaient décédés.

Ayant donné notre avis sur la valeur de l'acte respectueux, sur les graves inconvénients de cette formalité, sur ses déplorables conséquences, nous nous
bornerons à citer certaines parties du discours de
M. Lemire.

« Or, cette obligation de demander le consente-
« ment des aïeuls et aïeules s'expliquait peut-être
« au commencement de notre siècle, lorsque la sta-
« bilité du foyer était la loi commune en France, mais
« je pense que personne ici ne se fait assez illusion
« pour croire que la stabilité soit encore la règle
« aujourd'hui, principalement pour les populations
« ouvrières! Là, c'est la mobilité qui est pour ainsi
« dire la loi! C'est ce que l'on constate tous les jours.
« Jeunes gens et jeunes filles doivent quitter leur
« pays, leur foyer, la maison de leurs père et mère,

« avant vingt et un ans, avant vingt-cinq ans. Ils
« partent au loin, entraînés par la loi de l'offre et de
« la demande, et ils se dispersent aux quatre coins
« de la France pour trouver de quoi gagner leur
« pain.

« Voilà la réalité, Messieurs.

« Par conséquent, quand on oblige ces jeunes
« gens, ces orphelins, — car il s'agit d'eux, — à de-
« mander le consentement de leurs grands-parents,
« aïeuls et aïeules, on ne doit pas être surpris qu'ils
« répondent : Nous ne savons pas s'ils vivent encore,
« où ils demeurent et, s'ils sont morts, nous ne savons
« pas si c'est dans tel endroit ou dans tel autre.
« Comment voulez-vous que nous fournissions des
« actes de consentement, de notoriété, d'absence ou
« de décès ?

« Tel est aujourd'hui l'inconvénient général, habi-
« tuel, irrémédiable, des actes respectueux dont je
« parle.

« Voilà pourquoi je suis de ceux qui ont voté
« l'amendement de M. Charles Ferry. C'était une sup-
« pression radicale de bien des inconvénients et j'es-
« père que nous arriverons bientôt à l'obtenir. Nous
« allons faire un premier pas aujourd'hui, j'aime à
« le croire et je pense qu'on en fera bien d'autres, car,
« au point de vue de la famille il y a des réformes

« législatives dont nous constatons chaque jour
« l'urgence.

« Quand on va au fond des choses, on peut se
« demander quelle est l'efficacité des actes respec-
« tueux vis-à-vis des grands-parents. A quoi abou-
« tissent ces actes?

« En pratique, les recherches d'aïeuls et d'aïeules
« n'aboutissent, pour ainsi dire, à aucun résultat, et
« il ne me semble pas raisonnable d'obliger tous les
« futurs conjoints à ces minuties, à ces détails, à ce
« luxe d'investigations qui ne produisent aucun effet
« d'une utilité appréciable et suffisante pour com-
« penser les ennuis qu'elles occasionnent.

« Pensez-vous, Messieurs, qu'en présence de cette
« situation qui est réelle, qui n'est pas inventée à
« plaisir, nous puissions nous croiser les bras et dire :
« Oui, la loi est telle qu'elle entraîne des formalités
« nombreuses et difficiles! Oui, elle offre des exi-
« gences pénibles et dont les conséquences sont
« funestes, mais nous les conservons ! Pour tous
« ceux qui ont un beau nom à protéger, nous con-
« servons cette loi ; nous la conservons pour quelques-
« uns qui craignent de voir leur héréditaire fortune
« descendre dans la main d'une femme qui n'a rien.

« Nous conservons cette loi parce que le mariage
« prouve des relations mondaines et que nous vou-

« lons que les relations de nos fils soient de celles
« qu'on peut étaler dans un salon. Voilà pourquoi
« nous ne toucherons pas au Code.

« Lorsque l'on fait des considérations de ce genre,
« considérations qu'on n'avoue pas tout haut, mais
« qu'on se dit tout bas à soi-même dans l'intimité de
« l'égoïsme et de l'amour-propre, on oublie ceux qui,
« dans le mariage, n'apportent ni or ni gloire. Ceux-
« là n'ont d'autre bien que l'amour honnête, la vie
« généreuse, le dévouement désintéressé, ces grandes
« choses humaines, ces choses sacrées qui font l'éter-
« nelle beauté du foyer des humbles, et son univer-
« selle respectabilité. A ceux-là, quand ils songent à
« l'honneur de leurs petits-enfants, vous dites : le
« mariage n'est pas pour vous, il n'est pas possible,
« il est un luxe de temps et d'argent. »

Les arguments invoqués par le député du Nord, et
principalement la magistrale péroraison de son discours étaient de nature à impressionner la Chambre,
aussi le rapporteur de la loi crut-il devoir établir que
la commission dans son projet avait paré aux divers
inconvénients signalés par M. Lemire et qu'il n'y
avait, par suite, pas lieu de toucher au principe de la
puissance paternelle.

M. le Garde des Sceaux Trarieux qui, à l'encontre de ses aspirations avait combattu le contre-

projet Ferry intervint alors dans la discussion pour soutenir de son autorité et de tout son talent l'amendement déposé par M. Lemire.

Nous ne pouvons mieux faire que de reproduire quelques-uns des motifs invoqués par M. le Ministre de la Justice pour décider du vote de cet amendement :

« Les enfants, au moment du mariage, ont à con-« sulter le père ou la mère. Cette consultation le plus « souvent leur sera facile.

« S'ils ont quitté leurs père et mère, ils savent en « général où les trouver, ils savent où ils se trouvent.

« Au regard des aïeuls ou aïeules, à ce degré « plus éloigné de la parenté, la situation est toute « différente.

« D'abord les ascendants peuvent être au nombre « de quatre, deux dans chaque branche. Où sont-ils? « Ils sont peut-être dispersés aux quatre coins de « l'horizon, et il devient dès lors extrêmement dif-« ficile de les consulter. D'autre part, l'intérêt de la « consultation n'existe plus au même degré.

« Quel est, Messieurs, le but de votre loi? C'est de « simplifier les formalités du mariage afin de favo-« riser les unions légitimes.

« Or, nous nous trouvons ici en présence de for-« malités tellement compliquées et tellement vaines,

« qu'elles doivent disparaître si vous voulez atteindre
« la simplification que vous poursuivez.

« En effet, les statistiques sont là qui nous éclairent
« sur la façon dont les consultations sont demandées
« et sur la façon dont il y est répondu.

« L'état civil de Lille avait constaté qu'en 1889 sur
« 3.306 personnes mariées, 506 ont dû rechercher
« 2.384 aïeuls et aïeules. Or, savez-vous combien on
« en a découvert sur ce nombre? 30 seulement; et
« sur ces 30, un seul acte respectueux a dû être
« notifié.

« Il y a là, quant à moi, une formalité dont l'in-
« utilité vous est dans la plupart des cas absolument
« démontrée; je vous demande d'y renoncer, et je
« vous en donne en terminant le motif.

« En effet, ce n'est pas seulement au point de vue
« moral que nous devons encourager les unions lé-
« gitimes, — ce point de vue pourrait nous suffire, —
« c'est encore et surtout au point de vue social. Il
« y a des statistiques effrayantes que vous me per-
« mettrez de faire passer sous vos yeux. Si je péné-
« tre dans les maisons de correction particulières,
« ou dans les maisons d'éducation de l'État, je vois
« que, sur 4.800 garçons condamnés en l'année 1889,
« et qui ont été enfermés dans ces établissements, 663
« étaient des enfants naturels, ce qui constitue une

« proportion de 14 0/0, tandis que le nombre des en-
« fants légitimes ne représente que 8 0/0 à peine du
« chiffre total des naissances françaises; de telle
« sorte que le prorata de ces malheureux enfants,
« condamnés en quelque sorte par la fatalité de leur
« naissance, est de plus de 6 0/0.

« Dans les maisons de détention, nous voyons la
« même progression. Pour les filles, sur 1.078 filles
« condamnées à l'incarcération dans les maisons
« de correction, il y a 229 filles naturelles qui repré-
« sentent un prorata de 21 0/0, quand la moyenne
« d'après la proportion des naissances ne devrait
« pas dépasser 8 0/0.

« Eh bien ! la société est intéressée à favoriser les
« naissances légitimes; elle y est intéressée pour le
« bon ordre social, et le législateur doit se préoc-
« cuper des malheureux qui naissent enfants natu-
« rels.

« La nature ne les a pas dotés autrement que les
« autres; mais il pèse sur eux, en quelque sorte, une
« fatalité; ils sont condamnés à l'abandon du père
« et de la mère qui, au moment de leur naissance,
« ont eu peut-être la pensée de s'attacher à eux,
« mais qui n'ont pas été retenus par les liens légi-
« times de la famille. »

Les considérations développées par les deux oraleurs, amenèrent la Chambre à voter l'amendement déposé, à une majorité de 297 voix contre 227 ; il ne devait pas trouver grâce devant le Sénat.

Dans sa séance du 24 mars 1896, le Sénat fut appelé à se prononcer sur l'art. 2 adopté par la Chambre des députés.

L'honorable M. Demôle et plusieurs de ses collègues déposèrent un amendement ainsi conçu :

« Art. 2. Rétablir le texte du premier paragraphe « de cet article conformément à la disposition de l'ar- « ticle 151 du Code civil ainsi conçu :

« Les enfants de famille ayant atteint la majorité « fixée par l'art. 148 sont tenus avant de contracter « mariage de demander par un acte respectueux et « formel le consentement de leur père et de leur mère, « ou celui de leurs aïeuls et aïeules, lorsque leur « père et leur mère sont décédés, ou dans l'impossi- « bilité de manifester leur volonté. »

Avec l'autorité que lui donnaient ses connaissances juridiques, sa qualité d'ancien Garde des Sceaux, M. Demôle défendit son amendement en faisant appel chez ses collègues à des sentiments devant lesquels nous nous inclinons : nul plus que nous ne respecte l'autorité du père de famille, mais à notre avis cette autorité doit se transformer dès que l'enfant atteint sa majorité ; de matérielle, de coercitive qu'elle pouvait être, elle doit devenir essentiellement morale et amicale.

L'enfant devenu un homme doit avoir conscience de sa responsabilité. En persistant à vouloir maintenir à son encontre l'autorité du père de famille dans son intégralité, vous ne faites que compromettre cette autorité, et en donnant à l'enfant le moyen d'en triompher légalement par la sommation respectueuse vous en détruisez le principe même; c'est là du moins ce que nous enseigne la pratique de la vie.

Tout en nous inclinant donc devant le mobile qui a dicté le discours de M. Demôle, nous n'éprouvons aucune hésitation à dire qu'en votant cet amendement à une majorité de 182 voix contre 60, le Sénat a fait une fois de plus de la politique de sentiment sans se préoccuper outre mesure de la question de dépopulation posée en principe par la loi du 20 juin 1896, question que nos législateurs vont être appelés à examiner incessamment.

L'art. 3 proposé par la commission, ne subit aucune modification ni à la Chambre ni au Sénat; il était ainsi conçu :

« Art. 3. L'art. 152 du Code civil est ainsi remplacé :

« Art. 152. S'il y a dissentiment entre des parents divorcés ou séparés de corps, le consentement de

« celui des deux époux au profit duquel le divorce
« ou la séparation de corps aura été prononcé et
« qui aura obtenu la garde de l'enfant suffira. »

Nos législateurs en votant sans discussion cet article tel qu'il avait été rédigé par M. le Garde des
Sceaux ont obéi à une idée juste. Ils ont craint que
le père contre lequel le divorce ou la séparation de
corps aurait été prononcé, et qui se serait vu privé
de la garde de son enfant, ne se laissât guider par
un sentiment ou plutôt par un ressentiment de mauvais aloi, né des luttes judiciaires ayant amené la
séparation légale des époux, pour refuser son consentement à l'enfant. Ils n'ont pas voulu que le père
pût dans ces conditions s'opposer de parti-pris au
mariage de son fils mineur de vingt-cinq ans, ou de
sa fille mineure de vingt et un ans, et tout en lui
laissant le droit de donner son consentement au
mariage, ils l'ont mis dans l'impossibilité d'empêcher
ce mariage par un refus systématique.

Toutefois la rédaction de cet article nous parait
laisser à désirer, nous l'eussions voulu plus explicite.
Nous nous sommes expliqué sur ce point dans la
première partie de notre travail.

L'art. 4 ainsi conçu fut également voté sans discussion par les deux Chambres.

« Art. 4. L'art. 153 du Code civil est ainsi remplacé :

« *Art. 153.* Sera assimilé à l'ascendant dans l'im-
« possibilité de manifester sa volonté, l'ascendant
« subissant la peine de la relégation ou maintenu
« aux colonies en conformité de l'art. 6 de la loi du
« 30 mai 1854, sur l'exécution de la peine des tra-
« vaux forcés. Toutefois les futurs époux auront tou-
« jours le droit de solliciter et de produire à l'officier
« de l'état civil, le consentement donné par cet as-
« cendant. »

Nous ne pouvons qu'approuver le vote de cet article, qui, tout en laissant aux intéressés le soin d'apprécier s'ils doivent demander le consentement de
leurs ascendants relégués ou maintenus dans les
colonies par application de l'art. 6 de la loi du 30 mai
1854, leur permet de passer outre à leur mariage
s'ils n'estiment pas devoir se soumettre à cette formalité.

Le vote de l'art. 5 ne donna lieu à aucune obser-
vation soit devant la Chambre, soit devant le Sénat.
En voici la teneur :

« Art. 5. Les dispositions suivantes sont ajoutées
« à l'art. 155 du Code civil :

« Il n'est pas nécessaire de produire les actes de
« décès des père et mère des futurs mariés, lorsque
« les aïeuls ou aïeules pour la branche à laquelle ils
« appartiennent attestent ce décès, et dans ce cas il

« doit être fait mention de leur attestation dans l'acte
« de mariage. Si les ascendants dont le consente-
« ment ou conseil est requis sont décédés et si l'on
« est dans l'impossibilité de produire l'acte de décès
« ou la preuve de leur absence, faute de connaître
« leur dernier domicile, il sera procédé à la célébra-
« tion du mariage des majeurs sur leur déclaration
« à serment que le lieu du décès et celui du dernier
« domicile de leurs ascendants leur sont inconnus.

« Cette déclaration doit être certifiée aussi par ser-
« ment des quatre témoins de l'acte de mariage, les-
« quels affirment que, quoiqu'ils connaissent les
« futurs époux, ils ignorent le lieu du décès de leurs
« ascendants et de leur dernier domicile. Les offi-
« ciers de l'état civil doivent faire mention dans l'acte
« de mariage des dites déclarations. »

La commission, en ajoutant à l'art. 155 du Code
civil les dispositions ci-dessus, n'a fait que donner
force légale à l'avis du Conseil d'État du 4 thermidor
an XIII généralement appliqué dans les cas ci-dessus spécifiés. Elle a cependant introduit dans le second paragraphe de cet avis, une légère modification qui a son importance, car ce qui jadis était
facultatif pour les officiers de l'état civil, est devenu
pour eux obligatoire ; c'est ainsi qu'aujourd'hui ils
ne pourraient plus baser leur refus de procéder à un

mariage se présentant dans les conditions prévues par le paragraphe 2 de l'avis du Conseil d'État, en se retranchant derrière le terme dubitatif « il peut être » qui a été remplacé par celui impératif : « il sera ».

Lors de la discussion de l'art. 2 devant le Sénat, M. Demôle prétendit que le vote de l'art. 5 parerait à l'inconvénient résultant pour l'enfant de devoir solliciter le consentement de ses aïeuls et aïeules. En cette circonstance l'honorable sénateur nous paraît avoir habilement tourné la question posée par l'article 2, car l'art. 5 ne vise que des cas spéciaux absolument limités alors que les père et mère sont décédés, tandis que l'art. 2 s'applique à la généralité des cas et à la nécessité absolue pour les enfants d'obtenir de leurs aïeuls ou aïeules leur consentement au mariage.

En résumé l'art. 2 pose un principe, soumet à une obligation qui n'est nullement atténuée par l'art. 5, quoi qu'en ait dit M. Demôle.

A l'ancien texte de l'art. 4 de la loi du 10 décembre 1850, la commission n'a fait qu'ajouter les actes respectueux, qui n'étaient pas compris dans l'énumération des pièces à produire, pouvant être dispensées de tous droits : elle a en outre spécifié que les officiers ministériels appelés à les recevoir ne pourraient exiger des frais et honoraires pour leur rédaction. Votée par la Chambre et le Sénat cette modification a fait l'objet de l'art. 6 de la loi. En voici la teneur :

« Art. 6. L'art. 4 de la loi du 10 décembre 1850 est ainsi modifié :

« Art. 4. Les extraits des registres de l'état civil, « les actes de notoriété, respectueux, de consente- « ment, de publications, de délibérations du conseil « de famille, les certificats de libération du service « militaire, les dispenses pour cause de parenté, « d'alliance ou d'âge, les actes de reconnaissance « des enfants naturels, les actes de procédure, les « jugements et arrêts dont la production sera néces- « saire dans les cas prévus par l'art. 1er seront visés « pour timbre et enregistrés gratis lorsqu'il y aura « lieu à enregistrement. Il ne sera perçu aucun droit « de greffe, ni aucun droit de sceau au profit du Tré- « sor sur les minutes et originaux ainsi que sur les « copies ou expéditions qui en seraient passibles.

« L'obligation du visa pour timbre n'est pas appli- « cable aux publications civiles, ni aux certificats « constatant la célébration civile du mariage. Les « actes respectueux comme les actes de consente- « ment seront exempts de tous droits, frais et hono- « raires à l'égard des officiers ministériels qui les

« recevront; il en sera de même pour les actes de
« consentement reçus à l'étranger par les agents
« diplomatiques ou consulaires français. »

Après le vote de l'art. 6, M. Lemire proposa d'insérer dans la loi un article additionnel ainsi libellé :

« Le § 2 de l'art. 6 de la loi du 10 décembre 1850
est abrogé. »

Ce paragraphe est ainsi conçu :

« Le certificat d'indigence sera visé et approuvé
« par le juge de paix du canton. Il sera fait mention
« dans le visa de l'extrait des rôles ou du certificat
« négatif du percepteur. »

M. Lemire demandait donc à la Chambre de supprimer pour les futurs époux indigents l'obligation
de faire viser par le juge de paix du canton le certificat d'indigence délivré par le maire. Pour motiver
cette suppression, l'honorable député, toujours soucieux des intérêts des humbles invoquait les pertes
de temps, les déplacements répétés parfois onéreux,
imposés aux indigents pour obtenir ce visa. Il considérait cette formalité comme inutile, les juges de
paix visant, d'après lui, ces certificats sans y regarder de trop près.

A ces diverses considérations l'honorable rapporteur M. Bertrand objecta, avec juste raison, que les
maires seuls arbitres de la délivrance du certificat,

si l'on supprimait le visa du juge de paix, se verraient en butte à de nombreuses sollicitations auxquelles ils ne pourraient bien souvent résister qu'en s'aliénant les sympathies de leurs électeurs; il ajouta que, sous le couvert des passions politiques, les maires pourraient se laisser entraîner à des refus injustifiés regrettables pour leurs électeurs ou à des complaisances préjudiciables aux intérêts du Trésor.

M. le Garde des Sceaux abordant alors la question de frais possibles incombant aux indigents pour obtenir, le visa du juge de paix, trancha la difficulté en s'engageant à donner des instructions pour que les pièces constatant l'indigence fussent transmises par les maires aux juges de paix qui, après avoir apposé leur visa, devraient les retourner sans frais, pour être remises aux intéressés.

Cet engagement a été tenu, il a fait l'objet d'une circulaire de la Chancellerie en date du 23 juillet 1896. Tous magistrats municipaux ou judiciaires auront à cœur d'en observer les instructions, car elles sont un nouveau soulagement pour ceux qui, les mains vides, demandent à constituer une famille.

M. Lemire ayant obtenu satisfaction retira son amendement.

Le vote de l'art. 7 donna lieu dans les deux Chambres à d'intéressantes discussions; avant d'être voté, il subit plusieurs modifications que nous allons successivement examiner.

Tout d'abord M. Marcel Habert présenta l'article additionnel ci-après :

« Il sera passé outre à toute opposition au ma-
« riage, s'il n'a pas été statué au fond par le tribu-
« nal sur la validité de cette opposition dans le délai
« d'un mois..

« Dans les cas où cette opposition sera accompa-
« gnée d'une demande en interdiction, ce délai sera
« prolongé de six mois.

« Dans le cas où appel sera fait d'un jugement
« prononçant la mainlevée de l'opposition, il pourra
« être passé outre à la célébration du mariage si,
« dans le mois qui suivra l'acte d'appel, la Cour n'a
« pas statué au fond sur la validité de l'opposition. »

L'honorable député après avoir constaté que le retard apporté à la célébration du mariage par la formalité de l'acte respectueux, était quasi insigniﬁant, ﬁt remarquer à la Chambre que la loi laissait entre les mains des ascendants un moyen de retarder le mariage, non plus durant quelques semaines, mais parfois durant des années.

Les art. 172 à 180 du Code civil donnent en effet le droit à diverses personnes, de former opposition à la célébration du mariage ; la procédure d'opposition, quand on veut en épuiser toutes les ressources, permet, malgré l'injonction contenue dans l'article 177, de prolonger, d'éterniser les débats. Pour parer à ce grave inconvénient M. Marcel Habert proposait un moyen radical : « passer outre à toute oppo« sition au mariage s'il n'avait pas été statué par le « tribunal sur la validité de cette opposition dans le « délai d'un mois. » Il voulait atteindre encore un autre but ; forcer les parents qui, pour un motif quelconque, auraient fait opposition, à entamer euxmêmes la procédure ; enfin, pour réduire dans la mesure du possible, les délais impartis aux juges d'appel, il demandait à ce qu'il fût passé outre à la célébration du mariage, si dans le mois qui suivait l'acte d'appel la Cour n'avait pas statué au fond sur la validité de l'opposition.

Ces propositions ne pouvaient être adoptées sans apporter de graves modifications à la procédure d'opposition et d'appel : il serait trop long de les énumérer ici.

Le rapporteur de la loi saisissant le but poursuivi par M. Marcel Habert posa devant la Chambre la question telle qu'elle se dégageait de la discussion. M. Marcel Habert, disait-il, vous demande en résumé d'apporter une sanction aux art. 177 et 178 du Code civil.

A cela deux objections : une objection de forme, c'est que le Code permet à celui qui a le droit de faire opposition, de faire dresser l'acte d'opposition sans avoir à en demander la validité; et comme conséquence, obligation pour le futur conjoint d'entamer les poursuites, de demander mainlevée de la dite opposition; ainsi que nous le faisions remarquer, pour atteindre le but proposé par M. Marcel Habert il eût été nécessaire de modifier la procédure d'opposition, tout au moins en ce qui touche au mariage et ordonner qu'à l'avenir, tout opposant à mariage devrait, dans un délai de.. sous peine de déchéance, faire prononcer sur la validité de son opposition.

De prime abord la question ainsi posée paraît facile à résoudre et l'on pourrait s'étonner que la Chambre n'ait pas adopté la manière de voir de M. Marcel Habert. Pour cela faire il eût fallu tout d'abord proposer l'abrogation pure simple de l'article 177 du Code civil et décider la justice serait saisie non plus par la demande en mainlevée de l'opposition formée par le futur époux, mais par la demande en validité de l'opposition introduite par le père ou la mère de famille opposant. Ce système aurait très probablement reçu l'approbation des Chambres s'il n'avait obligé les parties en cause à une procédure qui peut être évitée avec l'art. 177 du Code civil.

En effet l'opposition du père de famille peut être fondée et alors l'enfant auquel elle s'adresse s'incline, se soumet : si donc avant même que l'enfant n'ait manifesté son intention on oblige le père de famille à suivre l'instance afin d'obtenir judiciairement la validité de son acte, on va à l'encontre même du but poursuivi, on force le père de famille à entamer une procédure devenue inutile par suite de la soumission de l'enfant à la volonté paternelle, cette considération majeure suffit à justifier le rejet de cette partie de la proposition de M. Marcel Habert.

Les objections de fond faites à l'amendement de l'honorable député nous paraissent tout aussi concluantes : impartir un délai aux magistrats pour statuer sur les cas qui peuvent leur être soumis, rien de plus sage ; il n'y a qu'à feuilleter le Code pour se rendre compte que le législateur a à maintes reprises usé de cette faculté, mais y ajouter une sanction qui pour les magistrats constituerait une sorte de déchéance nous paraît dangereux. En effet les délais impartis ne peuvent avoir qu'un caractère indicatif et comminatoire, car avant tout il est nécessaire que la justice ne statue qu'en connaissance de cause : or, qui peut affirmer que le juge soit en état de statuer dans le délai d'un mois sur toute opposition qui pourra se produire.

Poser la question c'est la résoudre : il est absolument impossible de soutenir qu'un mois doit suffire à la solution de tous les procès d'opposition à mariage.

Tout en reconnaissant donc que l'amendement proposé par M. Marcel Habert était de nature à attirer l'attention des législateurs, nous devons constater que l'application en eût été difficile pour ne pas dire impossible. La Chambre, après l'avoir rejeté, adopta un amendement plus pratique de M. Lefoullon qui supprimait les oppositions à jugements et à arrêts rendus par défaut. Il était ainsi libellé : « Dans « les cas prévus par la présente loi, les oppositions à « jugement et arrêt par défaut sont irrecevables. »

Lors de la discussion de cet article devant le Sénat, l'honorable M. Demôle fit remarquer que l'art. 7 tel qu'il était conçu, manquait de précision, qu'il allait même à l'encontre du but que l'on se proposait d'atteindre.

Ces critiques de forme étaient fondées : en effet les premiers articles du projet s'encadrent ou dans les articles du Code civil ou dans la loi de 1850, tandis que l'art. 7 reste pour ainsi dire en suspens, il s'applique c'est incontestable aux oppositions à mariage; or, les articles de loi précédemment votés ne faisant nulle part mention d'opposition à mariage, il était indispensable d'introduire dans la rédaction de cet article une modification indiquant de quelle opposition on voulait parler.

En second lieu aux termes de l'art. 7 tel qu'il avait été voté par la Chambre, toutes oppositions à jugement et arrêt par défaut étaient irrecevables. Si ce texte avait été définitivement adopté, les enfants qui, en suite d'une cause quelconque, auraient laissé surprendre à leur encontre un arrêt de défaut admettant l'opposition faite à leur mariage, se seraient vus dans l'impossibilité de former opposition à l'arrêt qui aurait admis l'opposition à mariage, et comme conséquence la loi destinée à faciliter le mariage l'aurait dans le cas que nous indiquons rendu plus difficile. La commission reconnaissant la justesse de ces observations proposa par l'organe de son rapporteur une rédaction nouvelle qui donnait satisfaction aux légitimes préoccupations de M. Demôle, mais par contre elle s'opposa énergiquement à la prise en considération d'un amendement déposé par cet honorable sénateur et rédigé ainsi qu'il suit :

« Dans les cas d'opposition à mariage prévus par « les art. 173, 174 et 175 du Code civil, les opposants

« sont irrecevables à faire opposition aux jugements
« et arrêts par défaut, à moins que l'opposition au
« mariage ne se fonde sur l'état de démence du fu-
« tur époux »

Préoccupé de la situation d'un conjoint marié qui
voit son conjoint dans l'intention de contracter un
nouveau mariage, avant la dissolution de sa première union, M. Demôle partant du principe que
toute décision de justice, jugement ou arrêt, inter-
venu par défaut est susceptible d'opposition, demandait au Sénat d'apporter une première exception à
la règle posée par l'art. 7.

D'après l'honorable sénateur il était nécessaire de
conserver au conjoint le droit de faire opposition à
un jugement de défaut ayant rejeté son opposition
à mariage afin de parer à un crime possible de bigamie.

L'objection était spécieuse, le rapporteur de la loi,
M. Ratier, n'eut aucune peine à démontrer que la
célébration du mariage dans les conditions indiquées
par M. Demôle était impossible. Comment admettre
en effet qu'un homme ou une femme avertis par l'opposition à mariage, consentent à s'unir à une personne encore engagée dans les liens d'un précédent
mariage et à se rendre par suite moralement et ma-
tériellement complices du crime de bigamie.

Supposons pour un instant que cette hypothèse se réalise : quel est le tribunal qui consentirait à statuer avant d'avoir donné à l'opposant tout le temps nécessaire pour réunir les pièces établissant la preuve de la précédente union ?

Quel est le maire qui prendrait sur lui la responsabilité de procéder au mariage ?

Quel est le procureur de la République qui n'interviendrait pas énergiquement pour s'y opposer.

Ces raisons d'impossibilités, d'invraisemblances déterminèrent le Sénat à repousser cette première exception.

La seconde exception contenue dans l'amendement de M. Démôle tendait à un but identique, conserver aux parents mentionnés dans les art. 173, 174 et 175 du Code civil le droit de former opposition à un jugement de défaut rejetant une opposition à mariage basée sur le cas de démence.

A quoi bon, disait M. Démôle, priver le père de famille du droit de faire opposition au jugement ou à l'arrêt ? Est-ce qu'il n'a pas la possibilité de former sa demande en interdiction quand bon lui semble ?

En lui retirant le droit de former opposition au jugement de défaut, vous le mettez dans l'obligation de demander *de plano* l'interdiction de son fils ou de sa fille, alors que peut-être il aurait pu échapper à cette pénible obligation, si l'état de son enfant était venu à se modifier. Conserver à la famille le droit d'opposition à jugement de défaut, ce sera lui donner le temps de se ressaisir, de voir ce qu'il y a à faire, d'apprécier s'il convient de porter en public la demande d'interdiction, ou s'il ne convient pas au contraire de la laisser sous le bénéfice des dispositions générales, qu'elle peut prendre au point de vue de ses convenances familiales.

Le rapporteur de la commission qui avait combattu la première exception proposée par M. Demôle, s'opposa non moins énergiquement au vote de cette seconde partie de son amendement, les arguments invoqués par l'honorable M. Ratier nous paraissent à ce point décisifs que nous ne croyons pouvoir mieux faire que d'en donner le texte littéral :

« Notre Code civil admet les oppositions à mariage
« fondées sur le cas de démence d'un futur époux.

« Dans la pratique nous voyons un très grand nom-
« bre d'oppositions à mariage qui sont fondées sur le
« cas de démence. Malheureusement ceux qui ont
« quelque expérience de la vie et des affaires savent
« que très souvent ce moyen est employé par des
« parents qui entendent se réserver cette suprême
« ressource pour épuiser tous les moyens dilatoires

« possibles et sans que la démence existe le moins du
« monde.

« C'est un système très commode et on peut d'au-
« tant plus facilement en user qu'il est, vous le savez,
« très difficile souvent de dire où la folie commence
« et où elle se termine. Quoi qu'il en soit j'en arrive
« à l'argument qui me semble décisif et je le prends
« dans le texte. Il est dit, en effet, dans l'art. 174 du
« Code civil que l'opposant à mariage qui entend
« invoquer la démence pour justifier son opposition
« au mariage devra, dans un délai qui lui est im-
« parti par le tribunal, faire juger la question.

« L'honorable M. Demôle a insisté sur ce point et
« c'est la seule considération que je trouve en fa-
« veur de son amendement. Il nous a dit : Mais pour-
« quoi donc priver le père de famille du droit de for-
« mer opposition? Est-ce qu'il n'a pas la possibilité
« de former sa demande en interdiction quand bon
« lui semble?

« Mais, Messieurs, si cette théorie était admise, il
« pourrait absolument dépendre du père de famille
« de retarder d'une façon indéfinie la célébration du
« mariage. Les auteurs du Code civil, auquel sur ce
« point M. Demôle ne voulait pas toucher, ont parfai-
« tement compris qu'il fallait une limite à ce droit
« et ils ont décidé par cet art. 174 que le tribunal

« devait non pas seulement se trouver en présence
« d'une demande d'interdiction déjà formée, mais
« impartir un délai à l'opposant au mariage pour le
« faire juger.

« De sorte que si l'amendement de M. Demôle était
« admis, on verrait cette singularité : un père de fa-
« mille ayant la possibilité de faire, quand bon lui
« semble, sa demande d'interdiction, alors que le
« Code a au contraire voulu que le tribunal lui im-
« pose un délai pour la faire juger.

« Encore une fois il me semble qu'il faut assimiler
« ce cas à tous les autres ; l'opposant à mariage qui
« fonde son opposition sur la démence a le devoir
« de former immédiatement sa demande en inter-
« diction.

« Il faut nécessairement que cette demande soit
« sérieuse, il faut que l'opposant ait l'intention de
« la suivre.

« Et c'est ce que le législateur a voulu obtenir en
« prescrivant un délai pour la solution. Si l'opposant
« laisse prendre un jugement par défaut, c'est qu'as-
« surément il ne considère son opposition à ma-
« riage que comme dilatoire.

« Il est prévenu de ce qui peut se produire ; il sait
« qu'il doit former sa demande d'interdiction en
« même temps que son opposition au mariage.

« Plus tard lorsqu'il est assigné, il n'est pas plus
« surpris que tous ceux qui forment opposition pour
« d'autres raisons. Il sait qu'il risque d'être con-
« damné par défaut s'il ne se défend pas.

« Lorsqu'un jugement contre lui intervient, c'est
« qu'il n'a d'autre intention, je ne saurais trop le
« répéter, que de gagner du temps; et on ne se
« trouve pas par conséquent en présence d'une op-
« position au mariage intéressante. »

Le Sénat convaincu par ces raisons péremptoires
repoussa l'amendement proposé par M. Demôle et
adopta l'art. 7 modifié en la forme d'après les indications de cet honorable sénateur.

« Art. 7. L'art. 179 du Code civil est ainsi complété :

« Les jugements et arrêts par défaut rejetant les
« oppositions à mariage ne sont pas susceptibles
« d'opposition. »

« Art. 8. Les dispositions de la présente loi sont
« applicables à l'Algérie, ainsi qu'aux colonies de la
« Guadeloupe, de la Martinique et de la Réunion. »

La loi que nous venons d'examiner atténuera-
t-elle cette diminution dans les naissances? Cette
dépopulation qui nous menace? Attendons pour nous
prononcer; mais d'ores et déjà n'avons-nous pas le
droit de dire. Oui : la loi du 20 juin 1896 constitue
un progrès sérieux; elle a supprimé certaines for-

malités inutiles, elle en a facilité d'autres, elle a donné à la femme divorcée ayant obtenu la garde des enfants le droit de consentement à leur mariage, elle a do... certaines latitudes qui rendront la célébration du mariage plus rapide, elle a étendu à l'acte respectueux le bénéfice de la loi du 10 décembre 1850 : ce sont là d'utiles et précieuses réformes, mais nous eussions désiré voir cette loi empreinte d'un caractère plus libéral encore ; cet acte respectueux, vestige d'un régime disparu depuis longtemps, n'eût-il pas été bon de le rayer à jamais de notre Code civil? La loi italienne donne aux enfants majeurs le droit d'en appeler à la justice du refus de leurs parents.

Pourquoi n'avoir pas introduit dans notre législation cette modification dont nos voisins n'ont eu qu'à se louer? « Les aigles cessent de donner la « nourriture à leurs petits sitôt que leurs plumes « et leurs ongles sont formés, ceux-ci n'ont plus besoin du secours d'autrui quand ils vont eux-mêmes « chercher une proie. Il serait indigne que nos jeunes gens, qui sont dans nos armées fussent censés « être dans un âge trop faible pour régir leur bien « et pour régler la conduite de leur vie (1). »

____

(1) *Théodoric, dans Cassiodore*, liv. I, lettre 38.

Pourquoi ne pas s'être inspiré de cette parole si sensée d'un roi Franc?

Pourquoi avoir hésité à accorder aux majeurs de vingt et un ans la plénitude de leurs droits?

Cessons donc d'être les fils, les petits-fils de préjugés surannés?

Inculquons à nos enfants dès l'âge de raison le principe de la responsabilité directe, personnelle, et il n'y aura plus aucun danger à leur laisser le droit de choisir librement dès leur majorité la compagne de leur vie.

La question qui se pose est trop grave pour que nous nous arrêtions désormais à des questions de castes à conserver, de famille à protéger. Les lois doivent être faites en vue de l'universalité des citoyens et non dans l'intérêt de quelques privilégiés. Que nos législateurs n'aient en perspective que la grandeur de la France, et après une étude approfondie des causes économiques et morales de la dépopulation qui nous atteint ils n'hésiteront pas à porter le fer rouge dans cette plaie qui nous ronge ; les mesures à prendre sont nombreuses, les lois à faire sont indiquées : l'*Alliance nationale* a formulé un programme qui mérite un examen sérieux.

A l'œuvre donc et le pays n'hésitera pas à vous témoigner sa reconnaissance, si vous assurez sa vitalité dans le présent et sa suprématie dans l'avenir.

TABLE

Paris. — Imp. F. Pichon, 392, rue Saint-Jacques, et 24, rue Soufflot.

www.ingramcontent.com/pod-product-compliance
Ingram Content Group UK Ltd.
Pitfield, Milton Keynes, MK11 3LW, UK
UKHW020928140726
13695UKWH00003B/1030